Colección
Convención ONU

# EN MODO CONVENCIÓN ONU
## Guía CERMI

CERMI

COMITÉ ESPAÑOL
DE REPRESENTANTES
DE PERSONAS
CON DISCAPACIDAD

tresceayo
Día Nacional en España
Convención Internacional
sobre los Derechos de las Personas con Discapacidad

ediciones
cinca

Ediciones Cinca

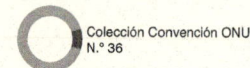

Colección Convención ONU
N.º 36

DIRECTORES:
Luis Cayo Pérez Bueno
Gregorio Saravia Méndez

CON EL APOYO DE:

PRIMERA EDICIÓN: marzo, 2024

DISEÑO DE LA COLECCIÓN:
Juan Vidaurre

PRODUCCIÓN EDITORIAL,
COORDINACIÓN TÉCNICA
E IMPRESIÓN:
Grupo Editorial Cinca
c/ General Ibáñez Íbero, 5A
28003 Madrid
Tel.: 91 553 22 72.
grupoeditorial@edicionescinca.com
www.edicionescinca.com

DEPÓSITO LEGAL: M-7669-2024
ISBN: 978-84-10167-07-0

El PDF accesible y el EPUB de esta obra están disponibles a través del siguiente código QR:

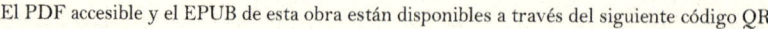

# EN MODO
# CONVENCIÓN ONU
## Guía CERMI

Elaborada por Gregorio Saravia Méndez,
Delegado del CERMI Estatal
para los Derechos Humanos y la Convención ONU
de Discapacidad

COMITÉ ESPAÑOL
DE REPRESENTANTES
DE PERSONAS
CON DISCAPACIDAD

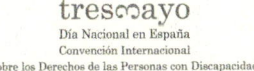

Día Nacional en España
Convención Internacional
sobre los Derechos de las Personas con Discapacidad

ediciones
cinca

# ÍNDICE

# INTRODUCCIÓN

La guía En Modo Convención ONU está pensada para las organizaciones y entidades de la discapacidad de iniciativa social a fin de que se conduzcan, en todos sus ámbitos de actuación, conforme a los principios, valores y mandatos de la Convención Internacional sobre los Derechos de las Personas con Discapacidad (en adelante, Convención).

Tanto en la dimensión política, hacia afuera: agenda política, tareas de incidencia, como hacia adentro: gobernanza, participación, etc., como en la dimensión de proveedores de apoyos y servicios a personas con discapacidad (necesidad de ofrecer solo un catálogo de servicios inclusivos, abandono de configuraciones y pautas que no se atengan a la Convención, y diseño de vías de tránsito de la no inclusión a la inclusión).

La idea central es que las organizaciones de la discapacidad asuman qué es, qué representa y qué comporta la Convención, y una vez son conscientes de esto, cómo lo aplican a su entidad para que esta en su gobierno, funcionamiento, actuación y servicios esté alineada plenamente con el tratado internacional.

La importancia de la Convención y su potencial transformador radica en rasgos tales como el reforzamiento de la idea de que los derechos humanos son universales e inherentes a todas las personas, independientemente de sus condiciones físicas, intelectuales, orgánicas, sensoriales, mentales o cognitivas. Reconoce y protege los derechos fundamentales de las personas con discapacidad en igualdad de condiciones con las demás.

La Convención adopta un enfoque basado en los derechos, centrándose en la igualdad, la no discriminación y la participación plena e igualitaria de las

11

personas con discapacidad en todos los ámbitos de la vida. Destaca la importancia de eliminar barreras y estigmatizaciones que puedan impedir el ejercicio pleno de los derechos de las personas con discapacidad.

A su vez, promueve la inclusión social y la participación de las personas con discapacidad en la sociedad. Reconoce su derecho a vivir de forma independiente y a ser incluidas en todos los aspectos de la vida, desde la educación hasta el empleo y la participación política.

Desde este instrumento internacional de referencia, se insta a los Estados parte a adoptar medidas para garantizar la igualdad de oportunidades para las personas con discapacidad y, en concreto, la aplicación de políticas públicas específicas, la modificación de entornos, prácticas, actitudes y la promoción de la accesibilidad universal.

Otro aspecto destacable de la Convención es la relevancia de potenciar la conciencia y la comprensión sobre las cuestiones relacionadas con la discapacidad, promoviendo actitudes positivas y haciendo desaparecer el estigma y los prejuicios que aún existen.

En resumen, la Convención es esencial para garantizar la igualdad, la inclusión y el respeto de los derechos humanos de las personas con discapacidad. Su conocimiento y aplicación son esenciales para construir sociedades más justas e inclusivas.

Por ello, las organizaciones españolas de defensa y promoción de los derechos de las personas con discapacidad están llamadas a desempeñar un rol central en la protección y garantía de los derechos humanos de este sector de la población. En el cumplimiento de sus funciones, el tejido asociativo de la discapacidad no puede desconocer la Convención.[1]

---

[1] El CERMI agradece la valiosa colaboración de Dña. Paula Hernández Corral (Universidad de Valencia) y Dña. Daniela Escobar Pizarro (Universidad Carlos III de Madrid) en la preparación y redacción de esta Guía.

# 1. EL MODELO DE DERECHOS HUMANOS DE LA DISCAPA-CIDAD Y LA CONVENCIÓN SOBRE LOS DERECHOS DE LAS PERSONAS CON DISCAPACIDAD

La Convención es un tratado internacional de derechos humanos, y como tal forma parte del Derecho Internacional de Derechos Humanos.

Cuando hablamos de derechos humanos, estamos haciendo referencia a una serie de derechos que tienen todas y cada una de las personas por el hecho de pertenecer al género humano y que incluyen, por tanto, a todas las personas con discapacidad. De ahí que estas sean titulares de estos derechos, más allá del tipo de discapacidad que tengan o de la intensidad de los apoyos que les resulten necesarios.

Bajo la denominación de Derecho Internacional de los derechos humanos, hallamos una serie de tratados Internacionales que encuentran su fundamento en la Declaración Universal de Derechos Humanos y entre los que se encuentra la propia Convención.

La enorme trascendencia que tiene desde su aprobación la Convención responde a lo que supone un cambio de paradigma en el tratamiento jurídico de la discapacidad, al enfocarlo como un ejercicio de derechos humanos jurídicamente vinculante para los diferentes Estados que se adhirieron.

A partir de los años ochenta del siglo pasado, se comenzó a abrir paso este cambio de paradigma que es el modelo social de la discapacidad.

Este modelo tiene dos pilares centrales. Por un lado, las causas que originan la discapacidad no son científicas, sino sociales. Por otro lado, se establece la condición irrevocable de la persona con discapacidad como persona humana, a partir de la premisa de que toda vida humana es igual de digna.

La variedad de cuerpos jurídicos internacionales de derechos humanos debe asumir con total naturalidad que no se trata de normalizar al individuo con discapacidad, sino de repensar las sociedades. Todo esto supone actuar, además de en el ámbito sanitario y asistencial clásico, en todos aquellos campos o ámbitos que incidan en los derechos de las personas con discapacidad. Y hacerlo de una forma transversal. En este sentido, los Estados son actores fundamentales o pueden llegar a serlo en la medida en que se tomen en serio la obligación de realizar aquellas modificaciones legislativas necesarias para insertar en sus ordenamientos las obligaciones legales derivadas de los instrumentos internacionales de derechos humanos y en particular de la Convención.

En las décadas de los años 80, 90 del siglo XX y la primera del siglo XXI, España ha ido ratificando la casi totalidad de los instrumentos internacionales de protección de los derechos humanos, tanto en el ámbito europeo como en el sistema internacional, y ha ido aceptando expresamente la competencia de los órganos de supervisión establecidos. Sin embargo, siguen existiendo déficits en el ordenamiento jurídico porque actualmente no están materializados los cauces para dotar de efectividad a las resoluciones de los órganos de supervisión. En virtud de ello, ocurre la paradójica situación de que se declara la violación por España de un derecho reconocido en alguno de los tratados, pero resulta imposible proporcionar a la víctima una respuesta adecuada.

Desde su aprobación por la Asamblea General de Naciones Unidas en 2006, la Convención ha experimentado un proceso de desarrollo en el marco del derecho internacional de los derechos humanos, por un lado, y de ratificación por los diferentes Estados parte, por otro.

La ratificación e incorporación de la Convención en el derecho interno de los Estados implica otorgar al Tratado un rango supralegal (en la mayoría de

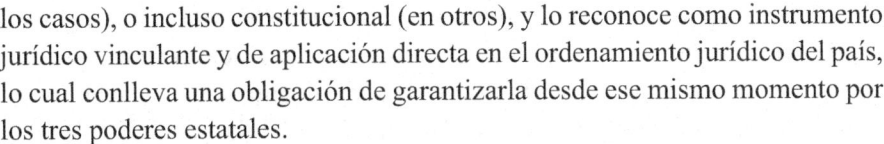

los casos), o incluso constitucional (en otros), y lo reconoce como instrumento jurídico vinculante y de aplicación directa en el ordenamiento jurídico del país, lo cual conlleva una obligación de garantizarla desde ese mismo momento por los tres poderes estatales.

Además, algunos Estados, en concordancia con la obligación establecida en el artículo 4 de la Convención, han venido adaptando su ordenamiento jurídico interno a la luz de dicho instrumento internacional.

En el caso de España, la Convención entró en vigor en España el 3 de mayo de 2008 y desde aquel histórico momento la adaptación de esta al ordenamiento jurídico ha sido y es un gran desafío. Por otro lado, hay que tener en cuenta que la Convención forma parte plenamente del ordenamiento jurídico español y es invocable ante las autoridades políticas, judiciales y administrativas.

La Convención trata principalmente sobre el reconocimiento de los derechos humanos de las personas con discapacidad y en esa línea volver a mencionar el Art. 10.2. de la Constitución Española (en adelante, CE) que señala que las normas relativas a los derechos fundamentales y a las libertades que la CE reconoce se interpretarán de conformidad con la Declaración Universal de Derechos Humanos y los tratados y acuerdos internacionales sobre las mismas materias ratificados por España.

Esto significa que la Convención como tratado es una norma jurídica al igual que lo son las leyes, decretos o cualquier otro tipo de norma y puede y debe ser invocada ante los tribunales de justicia en defensa de los derechos de las personas con discapacidad y sus familias. Pero, además, se muestra un alcance singular porque no solo obliga al intérprete de las normas de derechos a utilizar las normas internacionales, sino porque sitúa a estas en un nivel supralegal.

Hay que destacar que España fue uno de los primeros Estados en dictar una ley específica de adaptación del ordenamiento jurídico a la Convención mediante la Ley 26/2011 de 1 de agosto, y el Real Decreto 1276/2011, de 16 de septiembre, de la misma rúbrica.

Como resultado, las normas modificadas por la Ley 26/2011 con el objetivo de adecuar su contenido a la Convención fueron varias, dentro de las que podemos mencionar: la Ley 13/1982, de 7 de abril, de integración social de los «minusválidos» [sic] (también conocida como LISMI); la Ley 51/2003, de 2 de diciembre, de igualdad de oportunidades, no discriminación y accesibilidad universal de las personas con discapacidad (también conocida como LIONDAU); la Ley 27/2007, de 23 de octubre, por la que se reconocen las lenguas de signos españolas y se regulan los medios de apoyo a la comunicación oral de las personas sordas, con discapacidad auditiva y sordociegas; la Ley 49/2007, de 26 de diciembre, de infracciones y sanciones en materia de igualdad de oportunidades, no discriminación y accesibilidad universal de las personas con discapacidad.

Del mismo modo, otra norma de carácter transversal cuya promulgación merece ser destacada es el Real Decreto Legislativo 1/2013, de 29 de noviembre, por el que se aprueba el Texto Refundido de la Ley General de derechos de las personas con discapacidad y de su inclusión social, que respondía a una reivindicación del movimiento asociativo de la discapacidad. Más allá de configurarse una compilación de normas jurídicas, esta nueva Ley sirvió para avanzar en el impulso los derechos de las personas con discapacidad a la luz de los principios de la Convención.

De esta manera, se reconoce a las personas con discapacidad como titulares de derechos con el consiguiente deber de garantía de estos por los poderes públicos y se deja atrás el concepto asistencial en el ámbito de la discapacidad.

Durante muchos siglos, las personas con discapacidad tuvieron que vivir en los márgenes de la sociedad de acuerdo con una serie de modelos que, desde el punto de vista histórico, se caracterizaron por el hecho de que las mismas fueron objeto de persecución, exclusión, estigmatización y desprecio. No será hasta bien entrada la segunda parte del siglo XX, y luego de recorrer un larguísimo camino, que la situación empezaría a cambiar. A lo largo de la historia hemos transitado por distintas visiones que se corresponden con un modelo de abordaje de la discapacidad. La visión de la persona con discapacidad se refleja

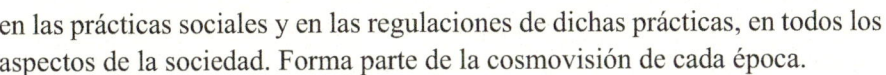

en las prácticas sociales y en las regulaciones de dichas prácticas, en todos los aspectos de la sociedad. Forma parte de la cosmovisión de cada época.

El actual modelo al que se aspira y que está recogido en los tratados internacionales, es el modelo social y el enfoque de derechos humanos. Su germen tuvo lugar en los procesos de la lucha por los derechos civiles del propio movimiento de las personas con discapacidad, que aparece fundamentalmente en torno a la Universidad de Berkeley, en la década de 1970 en los Estados Unidos de América.

Desde este movimiento a favor de la vida independiente se reivindicó el tránsito desde un modelo basado en premisas médicas hacia un modelo social. En lugar de considerar a la persona con discapacidad unidimensionalmente solamente desde sus diferencias biológicas, comenzar a verla como un ser completo, multidimensional y como sujeto de derechos debido a su dignidad inherente como ser humano. El Movimiento por la Vida Independiente reclamó una nueva mirada sobre el fenómeno de la discapacidad. El lema del propio movimiento en favor de este modelo no fue otro que NOTHING ABOUT US WHITHOUT US, nada sobre nosotros sin nosotros.

Todo ello supone un cambio de perspectiva revolucionario transitar, desde una visión del mundo y un modelo en el que primaba la «integración» y la «rehabilitación», con la mirada puesta en un supuesto déficit del sujeto, hacia la inclusión y el pleno ejercicio de las libertades y derechos en el marco de una vida independiente. De ahí que se haga indispensable la garantía de la prestación de los apoyos necesarios para alcanzar el mayor grado de autonomía personal posible. El foco se dirige hacia el entorno de la persona con discapacidad, ya que sitúa a la persona en una posición desventajosa o desigualitaria.

En la actualidad, aún con excepciones significativas, la mirada social sobre la discapacidad no se restringe a considerarla como un mero atributo de las personas o un defecto de estas sino como una parte de la diversidad humana. Y por ello, no puede ser considerada como un problema individual, sino como el resultado de una determinada concepción social cuyo patrón de medida y forma no es incluyente con todo aquello que difiera, que sea diverso. De ahí que las políticas, las leyes, las prácticas y comportamientos sociales deban modificarse para no seguir operando como un obstáculo a la plena inclusión de las personas con discapacidad.

Tampoco se debe perder de vista, la situación de la familia de una persona con discapacidad. En muchos casos, es el entorno más inmediato de la persona el que tiene que asumir la asistencia personal de su familiar con discapacidad, sin contar con los recursos necesarios para ello o con dosis de sacrificio muy duras.

Cuando hablamos del enfoque de derechos humanos, estamos haciendo referencia a una concepción que coloca a la dignidad humana en el centro y que establece que esta da origen al reconocimiento de derechos con alcance universal. Ello significa que todas las personas son igualmente dignas, titulares de derechos, tengan o no discapacidad. Cuando la persona es considerada un sujeto de derecho, ello significa que tiene derechos, que debe tener la posibilidad de ejercerlos y de obtener reparación en el caso de que éstos sean vulnerados.

El enfoque de derechos humanos también está vinculado con una determinada visión de la ciudadanía y proclama que esta debe ser igualmente plena para todas las personas, más allá de sus situaciones concretas, entre las que se puede encontrar a la discapacidad.

El 13 de diciembre de 2006, la Convención fue aprobada y significó un paso enorme hacia la consecución del respeto, el apoyo y el reconocimiento de la relevancia que tiene la instauración de sistemas jurídicos, políticos y sociales realmente inclusivos de las personas con discapacidad.

La Convención cumple además un papel pedagógico, ya que ofrece una mirada de las personas con discapacidad como personas que no requieren, esperan ni necesitan la piedad o la conmiseración de los demás. Son personas, iguales en derechos, autónomas y libres para diseñar sus planes de vida, sin injerencias ni presiones de los demás. Para ser una parte activa de la sociedad, las personas con discapacidad necesitan, cada una según sus circunstancias concretas, que los espacios sociales tales como la educación, el trabajo, el empleo, la vida política, la cultura, el ocio, sean accesibles y usables para todas las personas. Que sean imaginados, proyectados, estructurados y ejecutados teniendo en cuenta a todas las personas.

Otro eje esencial del enfoque de derechos humanos, son las mujeres y niñas con discapacidad. Muchas de ellas postergadas, olvidadas, discriminadas. Por ello, la Convención dedica un artículo específico para garantizar sus derechos e inclusión, así como mejorar sus condiciones de vida y ciudadanía. La discapacidad tiene rostro de mujer, porque son ellas las que tienen que padecer una discriminación agravada, interseccional: por su situación y por ser mujer, y porque son ellas las que asisten, ayudan, cuidan, a las personas con discapacidad. Desde personas mayores con discapacidad a personas con grandes necesidades de apoyo, siempre, o casi siempre, la que acompaña es una mujer. Tanto en el plano internacional, como en el nacional, queda mucho por hacer respecto de la igualdad real, plena y efectiva de las mujeres y las niñas con discapacidad. La Convención trae consigo una serie de valores que sirven como guía para afrontar la búsqueda de soluciones ante la discriminación por razón de género. Un tipo de discriminación que da lugar a otras formas múltiples e interseccionales de discriminación contra las mujeres. En este sentido, las mujeres con discapacidad son particularmente objeto de discriminaciones en la igualdad de acceso a la educación, en las oportunidades económicas, en el acceso a la justicia, en el igual reconocimiento como persona ante la ley, y en muchos otros contextos como son los de la atención sanitaria, la salud sexual y reproductiva, y la vida independiente.

Ante este panorama tan desalentador, desde el enfoque de derechos humanos, se insiste en las obligaciones que los Estados han contraído al ratificar la Convención y que no se limitan a poner fin a las acciones discriminatorias, sino que también suponen impulsar el desarrollo y el empoderamiento de las mujeres y las niñas con discapacidad y garantizar la idoneidad de los canales que sirven para amplificar sus demandas, alzar la voz y que se hagan públicas sus exigencias. Se trata de alcanzar la meta de que las mujeres con discapacidad puedan vivir sus vidas en libertad, autónomamente, dueñas de sus decisiones en todas aquellas facetas que definen su existencia. Y que puedan desarrollarse plenamente, sin temor a ser víctimas de cualquier forma de violencia.

El enfoque de derechos humanos, dejando atrás antiguas fórmulas, se caracteriza también por la importancia que otorga y reconoce a la participación de las personas con discapacidad en los procesos políticos, legislativos y de avance social que les afectan. En este sentido, la Convención fue creada a partir de un proceso de trabajo colaborativo en el que las entidades de personas con discapacidad, sus familias y el movimiento social de la discapacidad tuvieron un papel muy importante a la hora de hacer llegar a los expertos sus realidades, necesidades y todo el acervo de experiencias con las que contaban y cuentan en la actualidad.

Hablar del enfoque de derechos humanos, es hablar de que todas las políticas y leyes deben generarse contando con la opinión de las personas con discapacidad, sumando todas sus aportaciones en las distintas fases del trabajo y la acción política. De esta manera, el derecho de la discapacidad debe ser tenido en cuenta de forma transversal, ya que recoge una realidad poliédrica que es la de las propias personas con discapacidad. Por ello, el derecho de la discapacidad debe impregnar la cultura institucional de todas las administraciones públicas. Solo de esa manera, todos los ámbitos de la administración, a escala nacional, autonómico o local, abordarán a la discapacidad como una cuestión de derechos humanos.

Que las personas con discapacidad puedan contar con una herramienta jurídica de carácter obligatorio como es la Convención, no solo sirve para que hagan valer sus derechos sino también para que reciban el amparo, la protección, las garantías del sistema internacional de derechos humanos. Para ello, es necesario que el Estado parte en la Convención la haya ratificado. A través del acto de ratificación, dicho Estado se compromete formalmente a eliminar las medidas discriminatorias y garantizar la igualdad de oportunidades para las personas con discapacidad.

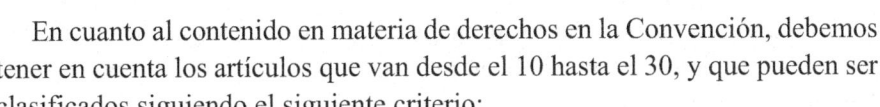

En cuanto al contenido en materia de derechos en la Convención, debemos tener en cuenta los artículos que van desde el 10 hasta el 30, y que pueden ser clasificados siguiendo el siguiente criterio:

*Derechos de igualdad:* Derecho a la igualdad y a la no discriminación, derecho a la capacidad jurídica en todos los aspectos de la vida; derecho a disfrutar de un entorno accesible, y derecho a un igualitario acceso a la justicia.

*Derechos de protección:* Derecho a la protección de la vida; derecho la protección ante en situaciones de riesgo; derecho de protección contra la tortura y otros tratos o penas crueles, inhumanos o degradantes; derecho de protección contra la explotación, la violencia y el abuso; derecho a la protección de la integridad personal (física y mental); derecho a la protección de la privacidad, y derecho a la protección del hogar y la familia.

*Derechos de libertad y autonomía personal:* Derecho a la libertad y seguridad de la persona; derecho a la libertad de desplazamiento, a la libertad para elegir su residencia y a una nacionalidad; derecho a vivir de forma independiente y a ser incluido en la comunidad; y derecho a la movilidad personal con la mayor independencia posible.

*Derechos de participación:* Derecho a la libertad de expresión y de opinión y acceso a la información; el derecho a participar en la vida política y pública; y el derecho a participar en la vida cultural las actividades recreativas, el esparcimiento y el deporte.

*Derechos sociales:* Derecho a un educación inclusiva a todos los niveles así como a la enseñanza a lo largo de la vida; el derecho a gozar del más alto nivel posible de salud; el derecho a la habilitación y rehabilitación para lograr y mantener la máxima independencia, capacidad física, mental, social y vocacional; el derecho a tener la oportunidad de ganarse la vida mediante un trabajo libremente elegido o aceptado en un mercado y un entorno laborales que sean abiertos, inclusivos y accesibles a las personas con discapacidad; y derecho a tener un nivel de vida adecuado y a la protección social.

Si tuviésemos que reseñar los principios fundamentales que dan contenido al enfoque de derechos humanos en materia de discapacidad, no podríamos dejar de mencionar:

1.  El respeto de la dignidad humana, la autonomía individual, la libertad de diseñar los propios planes de vida y la independencia de las personas.

2.  La no discriminación es un pilar esencial de toda la familia ONU de tratados de derechos humanos. En el caso de las personas con discapacidad, este principio resulta fundamental para abolir cualquier distinción, exclusión, restricción o preferencia que deje sin efecto u obstaculice el reconocimiento y ejercicio en igualdad de condiciones de los derechos respecto a las demás personas.

3.  La participación plena y efectiva de las personas con discapacidad en la sociedad. La verdadera inclusión va desde la participación en consultas públicas, en procesos de adopción de decisiones o procesos electorales hasta la concreción de un entorno físico, social y de actitudes que esté libre de barreras.

4.  El respeto por la diferencia y la aceptación de las personas con discapacidad como parte de la diversidad y la condición humana supone ejercitar el músculo de la tolerancia. No solo entendida en sentido negativo que sería sinónimo de «soportar» las diferencias, sino también añadiéndole un sentido positivo en el sentido de abrirse a la posibilidad de experimentar un «enriquecimiento» en el plano personal en la convivencia con lo diverso. En relación con la discapacidad, el respeto por la diferencia no es sinónimo de una visión lastimosa o paternalista.

5.  La igualdad de oportunidades que se traduce en una situación en que las posibilidades están al alcance de todas y todos, incluidas las personas con discapacidad. Por un lado, se reconocen las diferencias entre las personas y, por otro lado, se garantiza que, sin perjuicio de esas diferencias, todas las personas tienen las mismas oportunidades de ejercer de sus derechos.

6. La accesibilidad, ya que sin accesibilidad no hay para las personas con discapacidad la llave que abre la puerta a los derechos. Cuando se hace referencia a accesibilidad, se está haciendo referencia a remover obstáculos no sólo físicos, sino también psicosociales, cognitivos y sensoriales. Es decir, más allá de lo físico hay barreras actitudinales, administrativas y sistémicas o simbólicas que son alzadas por el estigma y los prejuicios que conducen a la discriminación, la violencia, el abuso, la exclusión social y la segregación. Todo esto obstaculiza el efectivo ejercicio de sus derechos a las personas con discapacidad.

7. La igualdad entre la mujer y el hombre. Tal como ya se ha expresado en este trabajo, las mujeres con discapacidad padecen una exclusión agravada por ser mujeres y por tener una discapacidad. Así es como se multiplican las posibilidades de que ellas caigan con mayor facilidad que los hombres en las distintas esferas de exclusión.

8. El respeto a los niños y a las niñas con discapacidad, en la medida en que están expuestos a unos índices de mayor vulnerabilidad y de desventaja objetiva que dificultan el pleno desarrollo de sus capacidades y potencialidades mediante el adecuado ejercicio de sus derechos. Además, resulta esencial que participen en los procesos de adopción de decisiones que les afectan. Se suele decir que la niñez es el futuro de la humanidad, desde el CERMI entendemos que también forman parte del presente de la humanidad.

9. Los derechos humanos vinculan a todos los poderes públicos.

Estos nueve principios no agotan la cuestión del enfoque de derechos humanos ni aspiran a adquirir un carácter exhaustivo. Sabemos, por tomar un ejemplo, que para que los derechos se cumplan de manera efectiva no alcanza con que estén recogidos en un texto legal. Resulta indispensable que la sociedad en su conjunto tome conciencia sobre la situación de exclusión y discriminación en las que se encuentran las personas con discapacidad, que conozcan sus realidades, sus potencialidades, sus necesidades y se pueda reflexionar colectivamente cómo construir una sociedad más inclusiva y justa.

También resulta indispensable que los medios de comunicación colaboren en la formación de una opinión pública que sea respetuosa con las personas con discapacidad. Ello implica que no se puedan hacer mofas hirientes o comentarios crueles, camuflados con supuesto humor, para referirse a las personas con discapacidad, ni atribuirles estereotipos negativos como una mayor peligrosidad, incompetencia o impredecibilidad que el resto de las personas.

Desde los medios de comunicación se construyen imágenes muy potentes y que tienen mucha llegada e impacto en la población general, por ello su tarea a la hora de presentar a las personas con discapacidad debe ser responsable y proactiva en el cambio sociocultural que está pendiente. Aquel que apuesta fuerte por erradicar todos los tipos de discriminación, incluso aquellos que suelen ser más sutiles e indirectos.

## 1.1. El modelo caritativo de la discapacidad

El modelo de prescindencia parte de dos presupuestos esenciales: el origen religioso de la discapacidad y la creencia de que las personas con discapacidad son innecesarias porque no contribuyen a la comunidad. Su diversidad nace como consecuencia de un castigo de los dioses o de un mal presagio. Se considera que las vidas de las personas con discapacidad no merecen la pena ser vividas. Que no tienen nada que aportar a la sociedad; son seres improductivos que suponen una carga.

En este modelo, la comunidad decide prescindir de la persona con discapacidad; ya sea a través de políticas eugenésicas (submodelo eugenésico) o ya sea limitando su espacio en la sociedad a la pobreza y la exclusión (submodelo de marginación). Ambos submodelos divergen en las consecuencias que derivan de la condición de innecesaridad de las personas con discapacidad.

### 1.1.1. El modelo eugenésico

Este submodelo se reconoce en la actuación de las sociedades de la antigüedad. Parte de que la vida de una persona con discapacidad es una vida que no merece la pena ser vivida. La respuesta social es el temor y la persecución a las personas con discapacidad.

Como resultado de las creencias religiosas respecto del origen de discapacidad, si se detectaban discapacidades congénitas se sometía a los niños y niñas a infanticidio. Los niños y niñas eran propiedad de sus padres (o de la comunidad) cuyo destino era el de convertirse en ciudadano modelo. También hay que considerar que criar a un niño era algo costoso, por lo que el infanticidio de aquellos niños y niñas que no cumplían con los estándares de normalidad estaba igualmente basado en razones prácticas, no sólo en motivos religiosos.

Así, bajo la creencia de que las personas con discapacidad son una carga, la «solución» que se adopta es la de prescindir de estas personas mediante prácticas eugenésicas.

Con todo, se trataba de manera diferente los casos en que la discapacidad era sobrevenida al nacimiento puesto que la discapacidad ya no se concebía desde las connotaciones negativas por motivos religiosos. Se trataba, sobre todo, de veteranos de guerra. Estas personas recibían pensiones y otros beneficios para poder sobrevivir. Al final, al dotar de subsidios a los heridos en batalla, se incentiva a otros ciudadanos a ir a la guerra con la garantía de que no quedarán desamparados.

Para entender esta concepción de la diversidad como una desgracia que convierte la vida en indigna, hay que comprender cómo se organizaban las sociedades de la antigüedad. Concretamente, en Grecia y Roma. En estas sociedades el ciudadano estaba sometido a la ciudad, no había libertad individual. El individuo, como ciudadano, pertenecía al Estado. Esto conlleva también que el Estado justifique el prescindir de aquellos individuos que considere que no son necesarios o provechosos para la comunidad. Al final, el fin último de estas sociedades era la potencial utilidad social del ciudadano para asegurar la continuidad del Estado. El concepto de persona estaba asociado a la fuerza y a la belleza física, por lo que muchas veces las personas con discapacidad no llegaban a ostentar siquiera la condición de seres humanos a los ojos del resto de la sociedad.

25

Para el caso de sobrevivir (habitualmente, porque se trataba de niños y niñas que no presentaban rasgos de discapacidad en un inicio —por ejemplo, la sordera o la mudez— o porque la adquirían posteriormente); el espacio que ocupan en la sociedad era muy reducido, puesto que no cumplían con las cualidades que estas comunidades exigían a sus habitantes. Sus medios de subsistencia quedaban reducidos a la mendicidad o, en el mejor supuesto, a las prestaciones estatales. Con todo, la forma más habitual de ganarse la vida fue a través del mundo del entretenimiento. Cualquier persona con discapacidad era objeto de burla y diversión. Incluso, en las esferas más altas, comenzó una moda por «coleccionar» este tipo de personas. Su función principal era ser el entretenimiento a costa de verse degradados y humillados. Aún con todo, el factor que fue determinante para la supervivencia de la persona con discapacidad fue la clase social.

### 1.1.2. El modelo de marginación

En este submodelo, que se ubica temporalmente en la Edad Media, la concepción de la discapacidad sigue siendo la misma: una situación inmodificable ligada a explicaciones de origen religioso (en esta etapa, bajo el criterio del cristianismo imperante en la sociedad). La característica principal de este modelo, sobre todo en un inicio, es optar por la exclusión como «solución» y respuesta social a la discapacidad; abandonando así las prácticas eugenésicas que caracterizaban al anterior modelo.

Bajo la influencia del cristianismo ya no se cometen infanticidios. Sin embargo, los niños y niñas con discapacidad siguen teniendo unas esperanzas de vida muy limitadas debido a la falta de recursos o por invocar a la fe como medio para su «cura» o salvación. Era lo lógica teológica la que servía para diagnosticar lo que se consideraban comportamientos extraños.

El cristianismo era el eje central que ordenaba las sociedades medievales. Por tanto, todas las actitudes que se adoptan en cuanto a personas con discapacidad van ligadas a los mandatos eclesiásticos. Si nos fijamos en preceptos bíblicos, la posición es la de misericordia hacia este sector. Así, la fe cristiana dirige su misión a curar los dolores físicos y a perdonar los pecados que originan el mal. Así, identificamos una doble influencia que podría ser contradictoria: un tratamiento humano misericordioso de compasión frente a la aplicación de prácticas crueles para acabar con la «posesión demoniaca».

En la Edad Media, las personas con discapacidad se ubicaban en el tercer estamento, en el grupo de pobres y mendigos. En su característica como marginados, también cumplían una función en el tejido social: eran objeto de caridad. En el mandato cristiano, la caridad era necesaria para obtener la salvación divina, por lo que existía una carga u obligación de cumplir con la ayuda debida a los pobres y marginados. Así, la mendicidad pasó a convertirse en una práctica profesional.

El asilo que ofrecía la Iglesia y, especialmente, la práctica de la mendicidad, se convirtieron en los principales medios para la subsistencia de las personas con discapacidad. Al profesionalizarse la condición de mendigo, cobró mucha importancia el aspecto externo. Exponer los signos físicos de invalidez garantizaba eficacia, puesto que generaba mayor compasión y caridad. Junto con ello, y siguiendo la constante histórica, la discapacidad seguía siendo reclamada para la diversión y burla.

Como ya hemos señalado, la marginación que caracteriza a este modelo fue consecuencia tanto de la concepción cristiana de la caridad como del miedo y rechazo a lo diferente. En un inicio (durante el periodo temporal que comprende la Alta Edad Media), las personas con discapacidad tenían un espacio social a través de la mendicidad profesional. Pero esto cambia en la Baja Edad Media. Este periodo histórico se caracterizó por las epidemias, las guerras y las crisis en todos los ámbitos. Además de que aumenta el número de personas con discapacidades y mendigos, se asocia la mendicidad al contagio y enfermedad. Estos y otros factores confluyeron y dieron como resultado que cambiase la percepción sobre este grupo. Así, las personas con discapacidad pasaron a relacionarse con el pecado y las posesiones demoníacas. Se produjo un auge de la tradición demonológica, que invadió los parámetros médicos. La superstición y la intransigencia dominaban la cultura de la época. Todo ello re-

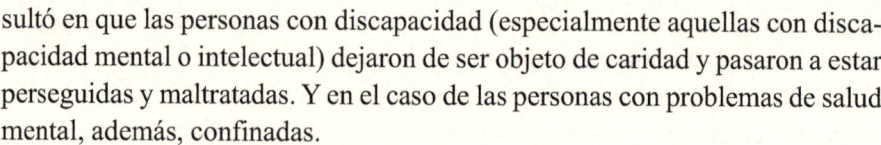

sultó en que las personas con discapacidad (especialmente aquellas con discapacidad mental o intelectual) dejaron de ser objeto de caridad y pasaron a estar perseguidas y maltratadas. Y en el caso de las personas con problemas de salud mental, además, confinadas.

## 1.2. El modelo médico-rehabilitador

El modelo médico-rehabilitador se caracteriza por dos elementos fundamentales. De un lado, la determinación de causas científicas como origen de la discapacidad. Se supera la idea respecto al origen de la discapacidad que imperaba en el modelo anterior, en el que se asociaba a motivos divinos con connotación negativa (un castigo de dios o un mal presagio). En este modelo, la discapacidad se origina por razones biológicas o médicas que derivan de limitaciones personales. Por otro lado, este modelo se caracteriza por la rehabilitación de las personas con discapacidad como presupuesto necesario para que tengan cabida en la comunidad. Para funcionar en sociedad, la persona tiene que ser rehabilitada o normalizada; es decir, tiene que lograrse que se asimile a los demás, considerados válidos o capaces. Así, se supera la idea del modelo de prescindencia de la innecesaridad de las personas con discapacidad, pero supeditando su aportación a la sociedad a que sean rehabilitadas o normalizadas.

Al explicar la discapacidad desde el plano científico, cambia la concepción anterior de la discapacidad como algo inmodificable ante lo que solo cabía resignarse. Ahora se percibe como una situación modificable ya que cabe la posibilidad de mejorar la calidad de vida de las personas y de alcanzar su integración en la sociedad a través de las técnicas de rehabilitación. Pero esto también conlleva la visión de la discapacidad como una enfermedad, como algo que hay que «arreglar». La idea que subyace es la de la consideración de la persona con discapacidad como un ser dependiente o inferior, un individuo que tiene su dignidad lesionada o perdida, y que necesita ser rehabilitado para recuperarla.

Al final, el foco del problema se cierne sobre el individuo y lo que se consideran como sus limitaciones biológicas y personales. Las respuestas que se articulan desde la sociedad son actitudes paternalistas que subestiman las aptitudes y capacidades de las personas con discapacidad. Parten de la concepción de las personas con discapacidad como «inválidas» frente a aquellas personas «válidas», a quienes pretenden asemejarse. Para alcanzar la normalización, la práctica más habitual ha sido la institucionalización del individuo.

A principios de la edad moderna, desde la corriente imperante de humanismo, aparecen los primeros intentos de rehabilitar a las personas con discapacidad. Sin embargo, este modelo no se consolida hasta principios del siglo XX. La teorización del modelo comienza varios siglos antes de su efectiva transposición al plano real.

Si por algo se caracterizó el humanismo fue por la exaltación de la cultura grecolatina. Y, como se vio en el submodelo de eugenésico, la persecución de la belleza y del ideal ciudadano conllevó prescindir de las personas con discapacidad. Con la interpretación de estas ideas, los intelectuales de la época se debatían entre dos líneas de pensamiento. Por un lado, se romantizaba la pobreza y se animaba al rico a seguir el ejemplo y desposeerse de sus bienes. Por otro, se perseguía al pobre por esta concepción que perduraba de que eran personas peligrosas con comportamientos reprochables, que transmitían enfermedades. La idea del humanismo que caracteriza al modelo rehabilitador es la afirmación de que «nadie es tan inválido como para no poder hacer nada». Se entiende que las personas con discapacidad tienen ciertas capacidades y que, si se normalizan, alcanzarán la integración social y tendrán utilidad para el desarrollo de la comunidad.

Con todo, el modelo médico-rehabilitador no comienza a desarrollarse hasta el fin de la Primera Guerra Mundial. La discapacidad empieza a relacionarse con los heridos de guerra. La sociedad está impregnada en este momento de un sentimiento de pérdida y de destrucción relacionado con los conflictos bélicos. Ha ocurrido una catástrofe y se tiene que trabajar por la restauración, para recuperar la situación anterior. Bajo esta idea, se percibe que la comunidad y el Estado tienen una deuda con los «mutilados de guerra» que han «perdido algo». Con la Segunda Guerra Mundial, este tratamiento médico de rehabilitación se expande a otros campos como el de la psiquiatría y la psicología.

Los Estados, progresivamente, van asumiendo la responsabilidad. En este sentido hay que señalar que, desde la edad moderna, la Iglesia va perdido poder y se reducen sus campos de actuación. Como vimos en el submodelo de caridad, fue la Iglesia quién, a través de sus instituciones, se encargaba de los sectores marginados. Además, era la caridad cristiana la principal fuente de subsistencia de las personas discapacitadas. Al perder presencia la Iglesia, son los gobiernos quienes prestan asistencia pública, dándole un nuevo sentido al concepto de la solidaridad. Los intentos institucionales para rehabilitar a las personas con discapacidad se centraron principalmente en el empleo y en servicios sociales.

Las medidas legales e institucionales que se adoptan desde los Estados siguen los criterios de este modelo. En este sentido, se identifica la discapacidad con la enfermedad. El criterio científico-médico centra el problema en las limitaciones de la persona que no cumple con lo que se considera «normal». Así, al tratarse de una enfermedad, se debe trabajar por «curar» o «rehabilitar» esta persona con discapacidad para normalizarla. El principal problema de este tratamiento hacia la discapacidad es que se construye desde una visión condescendiente y paternalista que subestima a la persona y lleva aparejada la discriminación. Al buscar la rehabilitación de la persona con discapacidad lo que se pretende es hacer desaparecer (o, al menos, disimular u ocultar) sus diferencias. Alinear a la persona con lo «normal».

La mayor representación de este modelo es la institucionalización. Se concebía que la mejor manera de rehabilitar a las personas con discapacidad era a través del encierro en instituciones «por su propio bien», lo que permitió que fuesen internadas incluso contra su voluntad. Las personas con discapacidad perdían su libertad a la vez que veían violados sus derechos fundamentales. Además, en estas instituciones se mezclaban adultos y menores. La falta de un tratamiento dirigido específicamente a los niños y niñas constituye una forma de exclusión en todos los ámbitos de la vida en sociedad. En este sentido, se impulsó la creación de centros educativos especiales dirigidos a prestar educación especializada para personas con discapacidad. Sin embargo, por motivos como la segregación de niños y niñas con discapacidad, estos centros han sido puesto en tela de juicio.

Así, la institucionalización estaba pensada para ayudar a las personas con discapacidad con su rehabilitación e inclusión social (desde una perspectiva de ser tratados como pacientes). No obstante, en estas se acaban mezclando todo tipo de personas con diferentes condiciones que no pueden ni deben recibir el mismo tratamiento. Al final, se convirtieron en lugares estructuralmente segregadores. A finales de los años 60 del siglo XX comienza una denuncia social sobre las condiciones de vida en las instituciones y, aunque en algunos lugares se trata de desplegar nuevas políticas que sigan esta línea de rehabilitación, el problema de la institucionalización y las violaciones de derechos humanos que se producen en ellas sigue siendo un problema vigente.

Los medios de subsistencia de las personas con discapacidad pasan por la intervención estatal. La asistencia social se configura como el principal recurso frente a la realidad de exclusión del mercado laboral. Si bien es verdad que hay personas con discapacidad que tienen dificultades grandes para trabajar, en muchos otros casos es la subestimación de sus capacidades lo que provoca que recurran a la ayuda estatal. En este contexto de exclusión laboral, surgen las iniciativas de empleo protegido a través de centros especiales u ocupacionales y empresas protegidas. Estas iniciativas de inserción laboral han resultado de utilidad, aunque también, cuando no se han entendido como auténticas empresas, han tenido consecuencias negativas como la sobreprotección o la creencia por parte de los empleadores de que las personas con discapacidad no son aptas para ejercer cualquier empleo. Lo mismo ha ocurrido con otras medias de acción positiva o de discriminación inversa que tenían como objetivo la integración de las personas con discapacidad en el mercado laboral.

## 1.3. El modelo social

El eje de caracterización de la discapacidad deja de explicarse a partir de la «deficiencia» de la persona, para pasar a hacerlo a partir de las «deficiencias» de la sociedad, que se traducen en barreras.

Así, se considera que las causas que dan origen a la discapacidad son preponderantemente sociales, y que las personas con discapacidad pueden aportar a las necesidades de la comunidad en igual medida que el resto de las personas sin discapacidad, pero siempre desde la valoración y el respeto de su condición de personas que, en ciertos aspectos o respecto de determinadas condiciones, son diferentes a la media.

Este modelo se encuentra íntimamente relacionado con la asunción de ciertos valores intrínsecos a los derechos humanos y aspira a potenciar el respeto por la dignidad humana, la igualdad y la libertad personal, propiciando la inclusión social y asentándose sobre la base de determinados principios: vida independiente, no discriminación, accesibilidad universal, regularización del entorno, participación, entre otros.

El modelo parte de la premisa de que la discapacidad es una construcción y un modo de opresión social, y el resultado de una sociedad que no considera ni tiene presente a las personas con discapacidad.

Uno de los presupuestos fundamentales del modelo social radica en que las causas que originan la discapacidad no son individuales, sino que son preponderantemente sociales. No son las limitaciones individuales las raíces del fenómeno, sino las limitaciones de la sociedad para prestar servicios apropiados y para asegurar adecuadamente que las necesidades de las personas con discapacidad sean tenidas en cuenta dentro de la organización social.

El modelo social requiere de otra mirada en el diseño y despliegue de políticas en la materia.

Si se considera que las causas que originan la discapacidad son sociales, las soluciones no deben apuntarse individualmente a la persona, sino más bien deben encontrarse dirigidas hacia la sociedad. De este modo, el modelo anterior se centra en la rehabilitación o normalización de las personas con discapacidad, mientras que el modelo bajo análisis aboga por la rehabilitación o normalización de una sociedad pensada y diseñada para hacer frente a las necesidades universales.

El modelo social de discapacidad presenta muchas coincidencias con los valores que sustentan a los derechos humanos, esto es: la dignidad; la libertad entendida como autonomía, en el sentido de desarrollo del sujeto moral, que exige entre otras cosas que la persona sea el centro de las decisiones que le afecten; la igualdad inherente de todo ser humano —inclusiva de la diferencia—, la cual exige, asimismo, la satisfacción de ciertas necesidades básicas y la solidaridad.

Gracias al modelo social se ha generado una mirada diferente hacia la persona con discapacidad, centrada en primer término en su condición de ser humano en igualdad de derechos y dignidad que los demás, y, en segundo lugar, en una condición que lo acompaña y que requiere en determinadas circunstancias de medidas específicas para garantizar el goce y ejercicio de los derechos en igualdad de condiciones que el resto de personas.

Para ello, desde el Derecho se utilizan una serie de técnicas promocionales, como podrían ser las medidas de acción positiva, así como también la plasmación de ciertos principios que tienen una repercusión importante sobre las políticas en la materia: no discriminación, ejercicio de la autonomía, vida independiente, accesibilidad universal, diálogo civil, diseño universal, transversalidad de políticas en materia de discapacidad y educación inclusiva, entre otros.

Dichos principios, en realidad, persiguen un mismo objetivo: que las personas con discapacidad puedan tener iguales oportunidades que el resto de las personas en el diseño y desarrollo de sus propios planes de vida.

El modelo social se refleja de manera clara en la Convención, sobre todo en lo que respecta a la definición de personas con discapacidad y el marco de protección que ofrece.

Así se puede apreciar cómo al momento de establecer su objeto, el artículo 1 de la Convención ha brindado una definición de mínimos respecto del término «persona con discapacidad». No obstante, para una interpretación sistemática del texto bajo análisis, no solo debe leerse el artículo 1, sino también su preámbulo, además de tener muy presente la definición de discriminación por motivo de discapacidad que da el artículo 2.

El modelo social puede identificarse ya desde el preámbulo, cuando la Convención reconoce que la discapacidad es un concepto que evoluciona y que resulta de la interacción entre las personas con deficiencias y las barreras debidas a la actitud y al entorno que evitan su participación plena y efectiva en la sociedad, en igualdad de condiciones con las demás.

A su vez, la conceptualización del modelo social se refleja en el artículo 1, que establece que las personas con discapacidad incluyen a aquellas que tengan deficiencias físicas, mentales, intelectuales o sensoriales a largo plazo que, al interactuar con diversas barreras, puedan impedir su participación plena y efectiva en la sociedad, en igualdad de condiciones con las demás.

Se desprende, por un lado, la indubitada asunción del modelo social de discapacidad, al interiorizar que la discapacidad resulta de la interacción con barreras debidas a la actitud y al entorno.

El texto bajo análisis enfatiza dos cuestiones esenciales, a saber: la primera, que la discapacidad es un concepto en evolución (podría agregarse aquí que es también un concepto cultural, que varía en diferentes culturas y sociedades). Y la segunda, que la discapacidad es el resultado entre limitaciones individuales de las personas (deficiencias) y barreras actitudinales y del entorno. Se resalta además que estas barreras limitan e incluso impiden la participación de las personas con discapacidad, en igualdad de condiciones que el resto de las personas.

Por otro lado, la definición que la Convención asume no es cerrada, sino que incluye a las personas mencionadas, lo que no significa que excluya a otras situaciones o personas que puedan estar protegidas por las legislaciones internas de los Estados, sino que fija un límite. Es decir, a los fines de la protección de este instrumento, las personas con discapacidad incluyen a aquellas que tengan deficiencias físicas, mentales, intelectuales o sensoriales a largo plazo que, al interactuar con diversas barreras, puedan impedir su participación plena y efectiva en la sociedad, en igualdad de condiciones con las demás. Ello no significa que en el caso de que un Estado, dentro de su legislación interna, adopte una definición más amplia de discapacidad que cubra otras situaciones, ello impida la aplicación de la Convención, sino todo lo contrario. Se entiende que este artículo debe interpretarse como un suelo, a partir del cual cualquier otra interpretación que beneficie o amplíe su marco protector debe ser aplicada.

Por tanto, las políticas públicas que deberían desplegarse han de ser diseñadas para las personas que se encuadren bajo la definición de discapacidad según la legislación interna. Pero el tema parece no terminar aquí, debido a que la Convención bajo análisis adopta un concepto amplio de «discriminación por motivo de discapacidad», que parece tener consecuencias en lo que se refiere a las políticas antidiscriminatorias que vayan a diseñarse o desplegarse e en cualquier ámbito.

### 1.4. Amenazas y retos al modelo de derechos humanos

*1.4.1. El capacitismo*

Hoy en día, al menos en términos generales, cualquier manifestación de odio o de exclusión explícita hacia las personas con discapacidad es rechazada por el grueso de la sociedad. Sin embargo, no ocurre lo mismo cuando lo que se cuestionan son las creencias que imperan en la sociedad y que relegan a las personas con discapacidad como ciudadanía de segunda. Estas concepciones sociales forman parte de la noción de «capacitismo».

El término «capacitismo» surge y evoluciona sobre la base de los movimientos sociales de reacción al modelo médico-rehabilitador de la discapacidad. Estos movimientos pugnan por la igualdad de derechos para las personas con discapacidad intentando desligar las ideas de discapacidad y enfermedad.

El capacitismo no se relaciona únicamente como una forma más de discriminación hacia las personas con discapacidad, sino que configura como un sistema de opresión y exclusión. En el Informe de la Relatoría Especial sobre los derechos de las personas con discapacidad de 2019, se define el capacitismo como «un sistema de valores que considera que determinadas características típicas del cuerpo y la mente son fundamentales para vivir una vida que merezca la pena ser vivida»[2]; así, el capacitismo se configura como un sistema de opresión y exclusión que solo acepta una manera de entender el cuerpo y la mente humanos y su relación con el entorno.

El capacitismo otorga el máximo valor a unas condiciones físicas y a unas capacidades mentales. Son características necesarias y esenciales para vivir una vida plena, por lo que solo los individuos que cumplan con ellas serán considerados como «normales» y encajarán dentro de la norma. Frente a este ideal normativo impuesto por el capacitismo, la discapacidad se percibe como una condición que devalúa al individuo. Se perpetúa la creencia de mitos, suposiciones y sesgos sobre las personas con discapacidad que legitiman las formas de segregación y estratificación. Estas consideraciones negativas sobre la calidad de vida de las personas con discapacidad no dejan de ser conjeturas capacitistas sobre su menor valor; conjeturas que socaban su dignidad humana. La discapacidad se continúa representando de manera negativa no como una experiencia humana más. La existencia de unos marcados estándares sociales que clasifican a las personas a partir de su viabilidad económica y su eficiencia, lo que lleva a cuestionarse si todo aquel que no entra en la norma (en este caso, las personas con discapacidad) pueden disfrutar de una vida digna.

Por tanto, no hablamos únicamente de acciones individuales de discriminación, sino que el capacitismo es una visión muy arraigada en el funcionamiento normal de la sociedad y en sus instituciones. Es una estructura mental asentada en el ideario social. Así, las formas de exclusión van desde formas de

---

[2] Informe de la Relatora Especial sobre los derechos de las personas con discapacidad, 17 diciembre 2019, A/HRC/43/41.

agresión y de exclusión directas y fácilmente identificables (como son la privación de libertad del individuo mediante la institucionalización o la esterilización de mujeres y niñas con discapacidad) hasta vulneraciones menos evidentes y más sutiles. Además, dado que las personas con discapacidad son un individuo más de la comunidad, son personas que se han socializado en una sociedad capacitista, lo que conlleva en muchos casos la existencia de un capacitismo interiorizado. Ni siquiera las personas con discapacidad escapan de reproducir los prejuicios capacitistas, lo que repercute en una autopercepción negativa.

Así, el capacitismo permea en todos los ámbitos de la vida de las personas con discapacidad. Y las instituciones, como reflejo de la sociedad, también reproducen tales patrones estructurales de opresión y discriminación. Aunque las estrategias y las políticas públicas desarrolladas por las instituciones se han centrado en reconocer las barreras y las prácticas discriminatorias y hacerlas desaparecer, las personas con discapacidad se siguen enfrentando a un contexto social discriminatorio. Esto es fruto del capacitismo institucionalizado, que perpetúa el sistema de jerarquías que relega a este grupo a un puesto inferior. Si persiste la representación mental de las personas con discapacidad como débiles, dependientes o incapaces, se perpetúa la imagen estereotipada de ellas. Una imagen que lleva a la adopción, por parte de las instituciones, de políticas públicas de corte asistencialista y paternalista que terminan afectando a las oportunidades, derechos y libertades fundamentales de las personas con discapacidad.

Desde las instituciones no se termina de comprender la realidad de las personas con discapacidad sobre quienes se proyectan las políticas. A pesar de la vigencia de la Convención sobrevive la incomprensión o el desconocimiento de la discapacidad desde la perspectiva del modelo social de los derechos humanos. Solo desde el modelo social se puede reconocer la existencia del capacitismo y la necesidad de trabajar por un cambio estructural en la concepción social que rompa con todas las prácticas que deshumanizan a las personas con discapacidad. Con este modelo se pasa de poner el foco en las limitaciones individuales a ponerlo en los sistemas sociales como instrumentos de discriminación y exclusión. Son los entornos los que no se ajustan a la realidad de las personas que no cumplen con los criterios normativos capacitistas, y no al revés.

Los comportamientos basados en el rechazo, el desconocimiento o la discriminación están fundamentados en el capacitismo y se integran en el funcionamiento cotidiano de la sociedad y de sus instituciones. Para enfrentar al capacitismo, la Convención es el instrumento idóneo con el que orientar y dirigir los cambios estructurales en el sistema social y político.

### 1.4.2. La manipulación genética y el «efecto borrador» de la discapacidad

Como apuntábamos anteriormente, frente al modelo social que concibe la discapacidad como parte de la experiencia humana, persiste la concepción social negativa acerca de la calidad de vida de las personas con discapacidad. En la sociedad siguen presentes las suposiciones y los sesgos negativos que comprenden la discapacidad como un sufrimiento o una desgracia. Y el ámbito médico, como parte de la sociedad, no escapa a los juicios capacitistas y al desconocimiento, con las graves consecuencias que ello acarrea para las personas con discapacidad.

Los avances médicos son algo positivo, especialmente en el contexto de la discapacidad. Pero los progresos actuales, sobre todo aquellos en el campo de la biología y la tecnología, han ocasionado un debate ético cuyo trasfondo no deja de ser la distinta consideración y valor que las sociedades dan a la vida y el reflejo de los valores humanos. Valores que han enfrentado a los profesionales médicos y bioéticos con los defensores de los derechos de las personas con discapacidad.

Desde la perspectiva de la bioética, todo avance que suponga la prevención o curación de una deficiencia es algo moralmente bueno. La cuestión es cómo se concibe la discapacidad en ese juicio médico ya que actualmente la complejidad de la discapacidad y su naturaleza social no son ampliamente reconocidas y asumidas por la sociedad. En el campo médico, la discapacidad sigue siendo sinónimo de enfermedad. Bajo la visión capacitista, la persona con discapacidad no cumple con el ideal normativo de salud, por lo que se valora de modo positivo el trabajar por devolver la salud o conseguir un correcto funcionamiento de los cuerpos con discapacidad. Incluso se busca evitar que la diversidad aparezca en un primer lugar.

Aquí entramos en el campo de la genética con prácticas como el cribado prenatal, el aborto selectivo o el diagnóstico genético preimplantacional. Estas no dejan de ser nuevas formas de eugenesia con las que se aspira a un mejoramiento genético a través de las opciones reproductivas. Es verdad que no es la misma situación que la que se daba en la antigüedad, con la primacía del modelo eugenésico, ya que no son los mismos Estados los que patrocinan y aplican estas prácticas. Pero no podemos ser ajenos a la realidad de una sociedad capacitista, donde predominan los prejuicios acerca de la calidad de vida de las personas con discapacidad. Unos prejuicios que repercuten en decisiones individuales produciendo resultados eugenésicos. Al final, los futuros padres harán todo lo posible por tener un recién nacido sano que pueda disfrutar de una vida plena. El problema es que las concepciones sociales acerca de la discapacidad llevan a pensar que una vida plena es incompatible con la experiencia de la discapacidad.

Otra de las prácticas novedosas en este campo es la de la manipulación genética. A través de técnicas de ingeniería y edición genética, se garantiza la presencia o la ausencia de determinados genes o características en el individuo. Es lo que se conoce como el «efecto borrador de la discapacidad» con el que se pretende «corregir» o eliminar aquellos genes que se relacionan con la discapacidad. Todas estas prácticas llevan a una reducción numérica de la diversidad, lo que repercute directamente en las oportunidades para las personas con discapacidad y en la lucha por sus derechos.

Al juzgar la idoneidad de estas prácticas, lo que se está juzgando es la calidad de vida y la valía de las personas con discapacidad. Si su discapacidad repercute de modo negativo en su experiencia de vida de tal manera que es preferible no vivirla. Sin embargo, el debate de estas cuestiones se suele basar en suposiciones y estereotipos sobre sus capacidades y posibilidades en lugar de escuchar a las personas con discapacidad, quienes se ven obligados a justificar su propia existencia y valía en la sociedad.

La principal preocupación que se esgrime a este respecto es que se refuerce el mensaje de que las personas con discapacidad no deberían de haber nacido; lo que valida las ideas capacitistas de disvalor hacia este grupo. Desde el modelo social se diferencia entre dos elementos que componen la discapacidad: entre la deficiencia de la persona, que forma parte de su identidad, y las barreras sociales, cuyo objetivo es eliminar. Con la manipulación genética lo que se eliminan son las condiciones físicas o psíquicas de la persona, sin atender a las barreras sociales como origen de la discapacidad, lo que tiene un fuerte impacto en el discurso y defensa de los derechos humanos de las personas con discapacidad.

Incluso dentro del mismo grupo social de la discapacidad las posturas son distintas: desde quienes abogan por «curar la discapacidad» a quienes entienden que la discapacidad forma parte de su identidad y se debe apoyar la diversidad. Con todo, las ideas de «corregir», «curar», «prevenir» o «subsanar» las diferencias conllevan muchas consecuencias negativas para las personas con discapacidad.

Desde los propios organismos internacionales de defensa de la Convención se ha observado esta problemática cuestión y se hace un llamamiento a cambiar la perspectiva de la bioética actual, pugnando por una «bioética consciente de la discapacidad» que esté fundada en el reconocimiento de los derechos humanos de las personas con discapacidad. No se trata de frenar el avance científico, sino de tomar conciencia de la deriva de este. Reconocer la hegemonía de las concepciones capacitistas, trabajar en un nuevo marco regulatorio y dar espacio a las personas con discapacidad son mandatos internacionales necesarios para asegurar la defensa de los derechos humanos. Es necesario reflexionar para que estos avances médicos y tecnológicos no conduzcan a la intolerancia social de la discapacidad o hacia la discriminación genética. Y, para ello, es vital la participación activa y diversa del movimiento social de la discapacidad, para que aporten su experiencia vital, en el debate sobre la edición genética.

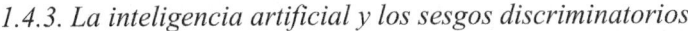

### 1.4.3. La inteligencia artificial y los sesgos discriminatorios

En la era digital en la que vivimos, la Inteligencia Artificial (IA) ha emergido como una herramienta transformadora, convirtiéndose en poco tiempo en un pilar fundamental en nuestra vida cotidiana. Ha revolucionado la forma en que vivimos, trabajamos y nos relacionamos con el mundo. Desde asistentes virtuales hasta aplicaciones de atención médica, la IA se ha consolidado como un recurso indispensable en diversos ámbitos, abriendo la puerta a multitud de ventajas y posibilidades. Sin embargo, como toda oportunidad, no está exenta de riesgos. Riesgos que inciden sobre los derechos de los grupos en situación de vulnerabilidad, como son las personas con discapacidad.

Desde el movimiento organizado de la discapacidad y el enfoque de los derechos humanos, se percibe la realidad de los sistemas de IA desde una doble visión. Por un lado, se reconoce su potencial para la inclusión, ya que pueden afianzarse como una herramienta estratégica para alcanzar la igualdad social. En este sentido, la IA resulta beneficiosa para las personas con discapacidad al emplearse, por ejemplo, en ciertas tecnologías de asistencia como pueden ser los distintos dispositivos de comunicación alternativa o aumentativa. El uso de sistemas de IA para facilitar la toma de decisiones o la accesibilidad del entorno son otros ejemplos de su potencial uso beneficioso para alcanzar el objetivo de «igualdad inclusiva».

Por otro lado, estos sistemas de IA pueden resultar excluyentes, al estar basados en modelos normalizados que no tienen en cuenta la realidad de la discapacidad; o que se nutren de datos que incluyen estereotipos y perjuicios, sobre todo relativos a determinados subgrupos, como las personas con discapacidad psicosocial. Si bien es cierto que hemos asistido a un cambio de paradigma en cuanto a la concepción de la discapacidad (adoptando el modelo social) y el reconocimiento formal de derechos; estos avances no siempre son coherentes con las prácticas sociales. En el ideario social siguen predominando lógicas capacitistas y discriminatorias, lo que afecta directamente al desarrollo de la IA.

Al seguir persistiendo mayoritariamente en la sociedad un tratamiento de la discapacidad centrado en el modelo médico, los patrones discriminatorios y de marginación se reproducen en los datos que dan forma a los sistemas de IA. La IA se caracteriza por hacerse «inteligente» a través de un aprendizaje autónomo. Con todo, este aprendizaje lo realiza a partir del procesamiento de un conjunto de datos e información que le proporcionan los desarrolladores y diseñadores; individuos parte de la sociedad capacitista. Esto es lo que se conoce como los «sesgos discriminatorios»: si los datos que se utilizan para diseñar y entrenar al algoritmo son discriminatorios (porque no tienen en cuenta la realidad de las personas con discapacidad), la manera en que la IA trabajará y proporcionará resultados será igualmente discriminatoria. Al final, esta brecha digital no es otra cosa más que el reflejo de la brecha social puesto que las actitudes sociales quedan codificadas en los sistemas de IA. La IA no es ni puede ser neutra, sino que está ligada a la visión y el enfoque de su desarrollador. No es solo quién la diseña, sino cómo se desarrolla, qué objetivos tiene y a qué público va dirigida.

Un ejemplo actual de discriminación por parte de la IA se da en el ámbito laboral. En materia de contratación, se está comenzando a utilizar una herramienta inteligente cuya función es realizar un primer cribado de candidatos a un puesto de trabajo. El sistema descarta perfiles para decidir quiénes serían candidatos óptimos al puesto. El riesgo se encuentra en que, si en el diseño no se tienen en cuenta las capacidades y características de las personas con discapacidad, estas van a ser automáticamente eliminadas del proceso de selección. Frente a esta situación, desde la Fundación ONCE, por ejemplo, hay 2 grandes proyectos en curso. Por un lado, se está desarrollando un algoritmo de intermediación laboral, el proyecto IncluIA, que busca generar datos acerca de las personas con discapacidad que puedan ser utilizados en estos sistemas y disminuir así el sesgo discriminatorio en la aplicación de la IA en el ámbito laboral. Y además cuentan con el Programa Talento Digital que tiene como objetivo formar en conocimientos y competencias tecnológicas a personas con discapacidad.

Uno de los principales problemas para enfrentar los sesgos discriminatorios es la falta de transparencia en el mundo de las nuevas tecnologías. Quienes desarrollan estos sistemas emergentes son empresas multinacionales, y la actividad empresarial se guía por intereses económicos. Además, son diseños protegidos por las leyes de propiedad intelectual, lo que complica que se pueda supervisar el compromiso con la inclusión del diseño universal. Solo si se conoce qué datos se utilizan, de dónde se obtienen y cómo se tratan podemos identificar si se discrimina a las personas con discapacidad.

Para asegurar que los sistemas de IA son accesibles, es necesario que el desarrollo de esta tecnología se haga teniendo en cuenta las perspectivas y la realidad de las personas con discapacidad. Para ello, debemos tener presente la exigencia del diseño universal y la posibilidad de que, en determinadas circunstancias, sea necesario realizar ajustes necesarios. Ello, junto a la necesaria participación de las personas con discapacidad, sus familias y las organizaciones que las representan en el diseño de los sistemas de IA, promueve el acceso y el apoyo eliminando las barreras excluyentes.

Así, que el progreso tecnológico esté vinculado con los mandatos de la Convención nos asegura que los resultados sean respetuosos con los derechos y libertades fundamentales de las personas con discapacidad. Desde la Relatoría Especial Sobre los Derechos de las Personas con Discapacidad (un órgano de Naciones Unidas vinculado a la Convención) se insiste en que los derechos y las normas fundamentales de la Convención son la referencia básica para evaluar los riesgos y las oportunidades que presentan los sistemas de Inteligencia Artificial. Con todo, conviene aunar esfuerzos en el ámbito legislativo en los diferentes niveles administrativos.

En el marco de la Unión Europea, se está trabajando en un Reglamento que regule los usos de la IA con el objetivo de limitar sus riesgos[3].

En el plano estatal, en el contexto del Plan de Recuperación, Transformación y Resiliencia, se ha publicado la Carta de Derechos Digitales. Se trata de un documento que no tiene carácter normativo pero que pretende desplegar un trabajo de divulgación sobre cómo adaptar los derechos vigentes al entorno di-

---

[3] A la fecha de publicación de esta Guía, se encuentra aún en la etapa de propuesta: https://www.europarl.europa.eu/doceo/document/A-9-2023-0188_ES.html

gital. Resulta interesante ya que aspira a servir de directriz para futuras legislaciones en este ámbito. En él ya se reconoce explícitamente, por ejemplo, el derecho de accesibilidad universal en el entono digital (que implica la participación efectiva de las personas con discapacidad en todos los estadios) o una serie de derechos ante la IA, como la no discriminación en la toma de decisiones o la garantía de transparencia en el proceso.

*1.4.4. Desconocimiento y/o desprecio por los sistemas de protección internacionales de los Derechos Humanos*

El sistema establecido por Naciones Unidas para la defensa y protección de los derechos humanos está formado por diferentes Tratados Internacionales que se han dotado de sus correspondientes órganos —denominados Comités— encargados de vigilar el cumplimiento de las obligaciones adquiridas por los Estados parte. El siguiente cuadro ilustra la composición actual de sistema universal convencional de garantía de los derechos humanos y sus órganos:

| TRATADO | COMITÉ |
|---|---|
| Pacto Internacional de Derechos Civiles y Políticos (PIDCP) | Comité de Derechos Humanos |
| Pacto Internacional de Derechos Económicos, Sociales y Culturales (PIDESC) | Comité de Derechos Económicos, Sociales y Culturales |
| Convención Internacional sobre la Eliminación de Todas las Formas de Discriminación Racial (CERD) | Comité para la Eliminación de la Discriminación Racial |
| Convención contra la Tortura y Otros Tratos o Penas Crueles, Inhumanos o Degradantes (CAT) | Comité contra la Tortura |
| Convención sobre la Eliminación de Todas las Formas de Discriminación contra la Mujer (CEDAW) | Comité para la Eliminación de la Discriminación contra la Mujer |
| Convención sobre los Derechos del Niño (CDN)) | Comité de los Derechos del Niño |
| Convención internacional sobre la protección de los derechos de todos los trabajadores migratorios y de sus familiares (CIPDTMF) | Comité para la protección de los derechos de todos los trabajadores migratorios y de sus familiares |
| Convención sobre los Derechos de las Personas con Discapacidad (CONVENCIÓN) | Comité sobre los Derechos de las Personas con Discapacidad |
| Convención Internacional por la Protección de todas las Personas contra las Desapariciones Forzadas (CIPPDF) | Comité contra las Desapariciones Forzadas |

De forma general, las funciones de los Comités consisten en el seguimiento y control de las obligaciones y compromisos adquiridos en virtud de la firma y ratificación de los textos convencionales.

El seguimiento tendría una finalidad preventiva de futuras violaciones de derechos humanos, identificando obstáculos que impiden la correcta aplicación de los Tratados por el Estado parte, mientras que el control se orientaría a determinar la existencia de responsabilidad estatal por el incumplimiento de las obligaciones convencionales. Estas funciones se desarrollan a través de diferentes actuaciones que dan lugar a diversos tipos de documentos o decisiones.

Los Comités se encargan de recibir y analizar los informes que les presentan los Estados parte, periódicamente, sobre las medidas adoptadas para dar efecto a los derechos reconocidos en los Tratados. Se trata de una obligación mínima en cuanto al seguimiento de los Tratados que todos los Estados parte asumen al manifestar su consentimiento en obligarse por alguno de ellos.

A la vista de estos informes los Comités emiten sus Observaciones finales dirigidas a un Estado en particular y adoptadas tras un diálogo interactivo. Así, las Observaciones finales pretenden ser una orientación para la posterior aplicación de las disposiciones del Tratado en materia de derechos humanos y pueden incluir el reconocimiento de actuaciones positivas adoptadas por el Estado para cumplir sus obligaciones; la identificación de áreas problemáticas que requieran la adopción de más medidas por parte del Estado; la identificación de medidas que el Estado puede adoptar para mejorar la implementación de los estándares de derechos humanos, que a menudo incluyen cambios en las leyes, políticas y programas o el establecimiento de órganos o instituciones, así como previsiones relacionadas con el seguimiento de la implementación de las observaciones.

Por otro lado, a través de sus Observaciones Generales los Comités tratan de clarificar a los Estados y a la sociedad en general el contenido de las obligaciones establecidas en los Tratados. Normalmente estos Comentarios, dirigidos a todos los Estados parte, se formulan en relación con artículos y temas concretos en los que se observan —usualmente a partir del examen de los informes periódicos— especiales dificultades para su comprensión, equívocos o interpretaciones contradictorias. Estas Observaciones Generales operan como una guía respecto del contenido normativo de las obligaciones internacionales en materia de derechos humanos establecidas en los Tratados.

Por lo que interesa especialmente al objeto de esta Guía, y fruto de una expansión de las facultades inicialmente atribuidas a los Comités los órganos de Tratados pueden recibir también quejas o denuncias individuales (denominadas comunicaciones). Este procedimiento, como principal manifestación de la función de control, ha sido incorporado para todos los órganos de Tratados mediante declaraciones complementarias previstas en las propias Convenciones o bien mediante la adopción de Protocolos Facultativos.

A continuación, se muestra un cuadro explicativo de las normas que regulan el procedimiento de las denuncias individuales en relación con cada uno de los Tratados de Derechos Humanos:

| ÓRGANO DE TRATADO | PROCEDIMIENTO DE LA DENUNCIA |
|---|---|
| HRC (Comité de Derechos Humanos) | Primer protocolo facultativo al PIDCP |
| CERD (Comité para la Eliminación de la Discriminación Racial) | Artículo 14 del CIEDR |
| CAT (Convención contra la Tortura) | Artículo 22 del CAT |
| CEDAW (Convención sobre la Eliminación de todas las Formas de Discriminación contra la Mujer) | Protocolo facultativo a la CEDAW |
| CMW (Comité para la Protección de los Derechos de todos los Trabajadores Migrantes y de sus Familias) | Artículo 77 del CIPDTMF (aún no ha entrado en vigor) |
| CRPD (Comité sobre los Derechos de las Personas con Discapacidad) | Protocolo Facultativo al CRPD |
| CESCR (Comité de Derechos Económicos, Sociales y Culturales) | Protocolo Facultativo al ICESCR |
| CRC (Comité de los Derechos del Niño) | Protocolo Facultativo al CRC |

Para que sea posible presentar una denuncia individual contra un Estado a un órgano de Tratado deben cumplirse dos condiciones básicas: el Estado debe haber ratificado el Tratado correspondiente y tiene que haber reconocido explícitamente esta competencia específica.

En cuanto a los requisitos de admisibilidad todos los sistemas de denuncias individuales exigen, entre otros aspectos, haber agotado todos los recursos internos y, además, la denuncia no puede estar pendiente de ser considerada o resuelta por otro mecanismo de resolución internacional o regional. El procedimiento de las comunicaciones individuales es común a todos los Comités, se detalla en sus Reglamentos y sigue el patrón fijado por el Comité de Derechos Humanos.

Tras recibir una comunicación y antes de pronunciarse sobre la cuestión de fondo, los Comités podrán solicitar al Estado, quien deberá estudiar su procedencia con urgencia, la adopción de medidas provisionales. Estas medidas se entienden que podrán ser requeridas en circunstancias excepcionales para evitar posibles daños irreparables a la víctima o las víctimas de la presunta violación. En definitiva, son medidas necesarias para salvaguardar el propio propósito del procedimiento de comunicaciones individuales, ya que, si se producen daños irreparables, carecerán de propósito las actuaciones que el Comité para remediar una posible situación de vulneración de derechos fundamentales.

Una vez finalizado el procedimiento, los Comités emiten decisiones sobre el fondo del asunto que incluyen dos tipos de pronunciamientos: el dictamen propiamente dicho, esto es, la declaración de si se ha producido, o no, una violación de los derechos reconocidos en el Tratado y, en caso afirmativo, la identificación de una serie  recomendaciones que se consideran apropiadas para remediar esta violación que pueden ser de diferentes tipos —medidas para poner fin a las violaciones de derechos de la víctima; restitución, indemnización y rehabilitación de la víctima; reforma de la legislación y cambios en las políticas y prácticas— y que pueden reconducirse a medidas particulares orientadas a la reparación de la víctima y medidas generales dirigidas a la no repetición.

En cuanto a su aplicación al ámbito nacional, la CE establece que los Tratados Internacionales tras su publicación forman parte de nuestro ordenamiento jurídico y, en segundo lugar, que es referente de interpretación de los derechos fundamentales.

Al respecto, conviene tener en cuenta lo establecido en el Art. 96. 1 CE: «Los tratados internacionales válidamente celebrados, una vez publicados oficialmente en España, formarán parte del ordenamiento interno. Sus disposiciones sólo podrán ser derogadas, modificadas o suspendidas en la forma prevista en los propios tratados o de acuerdo con las normas generales del Derecho internacional»; y en el Art. 10.2 CE: «Las normas relativas a los derechos fundamentales y a las libertades que la CE reconoce se interpretarán de conformidad con la Declaración Universal de Derechos Humanos y los tratados y acuerdos internacionales sobre las mismas materias ratificados por España».

Provoca estupor que, vista la claridad de lo que ordenan estas disposiciones constitucionales, los poderes públicos españoles se muestren indiferentes e incluso reticentes al momento de llevar a cabo los procedimientos legales que persiguen la reparación de graves violaciones de derechos humanos. Sobre todo, cuando éstos están reconocidos en normas internacionales de carácter obligatorio y a cuyo cumplimiento el Estado español se ha comprometido de forma voluntaria.

Genera, a su vez, esperanzas el hecho de que en la historia reciente de nuestro país nunca como hasta ahora había permeado tanto en la sociedad el derecho internacional de los Derechos Humanos.

Quizás nos encontremos ante la paradoja de que en los medios de comunicación y en las redes sociales cada vez más podemos encontrarnos con referencias a los órganos de la ONU o a los Comités que condenan al Estado español por violaciones a los derechos humanos, mientras que es indignante el estado de indefensión en el que están todas aquellas personas que obtuvieron, luego de muchas vicisitudes, un dictamen a favor del reconocimiento de dicha vulneración pero no obtuvieron la reparación correspondiente ni tampoco la garantía de no repetición.

Con este apartado de la Guía se busca llamar la atención sobre la relevancia que tiene para las personas con discapacidad que el Estado español cumpla los dictámenes de un órgano de tratado de derechos humanos, como es el Comité, y que tomemos conciencia general de la urgencia con la que hay que atajar todo tipo de discriminación hacia el grupo social puesto que no solo se traducen a ataques a la dignidad de seres humanos sino que también erosionan los propios pilares del Estado de Derecho democrático.

Sabemos que es motivo de debate jurídico la naturaleza de los dictámenes del Comité sobre las personas con discapacidad y la fuerza ejecutiva que tienen tales dictámenes en el marco del derecho interno. Vale recordar que este Comité aparece contemplado en el artículo 35 de la Convención Internacional sobre los Derechos de las Personas con Discapacidad. En él se prevé la constitución de un Comité compuesto por un número de expertos designados por la Conferencia de Estados parte sobre la base de los candidatos propuestos por dichos Estados.

La función del Comité se desarrolla a través de Informes en los que hace recomendaciones y sugerencias a los estados parte (artículos 35 y 36 Convenio), con el fin de lograr un mejor cumplimiento del Convención y de las obligaciones en él asumidas, en orden a asegurar y promover el pleno ejercicio de los derechos humanos y libertades fundamentales de las personas con discapacidad sin discriminación alguna por tal motivo (artículos 4 y 1). Lo que comprende medidas legislativas, administrativas y de otra índole para hacer efectivos los derechos establecidos en la Convención, incluidas las modificaciones legales y prácticas existentes, extendiéndoles a políticas y programas, promoción y protección de los derechos humanos de las personas con discapacidad, promover la investigación y desarrollo de bienes, etc.

El Protocolo facultativo a la Convención Internacional sobre los Derechos de las Personas con Discapacidad (ratificado por España el 23 de noviembre de 2007), con entrada en vigor en 2008, se pronuncia en los mismos términos, concediendo competencia al Comité para «recibir y considerar comunicaciones presentadas por personas o grupos de personas sujetos a su jurisdicción que aleguen ser víctimas de una violación por un estado parte de cualesquiera de las disposiciones de la Convención» (artículo 1 Protocolo).

El mecanismo de toma en consideración de las quejas se articula mediante «sugerencias y recomendaciones» al Estado parte interesado y al comunicante (artículo 5 Protocolo).

Concluida la investigación y el informe del Comité en el plazo de 6 meses el estado parte presentará sus propias observaciones (artículo 5 y 6 Protocolo).

Transcurrido ese plazo de 6 meses, el artículo 7 del Protocolo prevé que [...] Estos informes tienen la naturaleza de recomendaciones y sugerencias, en el marco de la propia finalidad del Convenio, y no vienen dotados de carácter ejecutivo o mecanismos coercitivos en orden a imponerse a los propios estados, como si el Comité fuera una instancia supranacional con competencias jurisdiccionales cedidas por los estados (conforme prevé el artículo 93 CE).

En España, tanto el Tribunal Constitucional como el Tribunal Supremo han enfatizado estas limitaciones, destacando que el Comité carece de potestades jurisdiccionales o de facultades para la interpretación auténtica de los derechos establecidos en el Tratado puesto que este no le confirió esa competencia, a diferencia de las que sí ostenta el Tribunal Europeo de Derechos Humanos, cuyas decisiones sí pueden sobreponerse en determinados casos a las de los Estados dejando sin efecto resoluciones jurisdiccionales firmes (artículo 5 bis LOPJ y artículo 46 —Fuerza obligatoria y ejecución de las sentencias— CEDH).

El Tribunal Constitucional, señala en la sentencia del Pleno, 23/2020 de 13 febrero 2020, Rec. 3807/2018, que «[...] El Tribunal Supremo se ha pronunciado en idéntico sentido. Así, la sentencia de 6 de febrero de 2015 (Tribunal Supremo, Sala Tercera, de lo Contencioso-administrativo, Sección 4.ª, Sentencia de 6 febrero 2015, Rec. 120/2013), recuerda la Jurisprudencia del TC, y señala que: [...] No se cuestiona, por tanto, que el dictamen del Comité de Derechos Humanos sea vinculante para el Estado, pero esa vinculación tiene el alcance previsto en los tratados internacionales en los que se definen sus competencias y los efectos de los informes (conforme hemos expresado en otros casos; así, Audiencia Nacional, Sala de lo Contencioso-administrativo, Sección 3.ª, Sentencia de 1 julio 2021, Rec. 2/2020)».

¿Cuál debe ser el cauce adecuado para solicitar del Estado español el cumplimiento de los dictámenes del Comité sobre los Derechos de las Personas con Discapacidad, emitidos en los términos y por el procedimiento previsto en el Protocolo Facultativo de la Convención —ratificado por España—, cuando se contienen en tales dictámenes recomendaciones dirigidas a nuestras autoridades a fin de que reparen los daños derivados del incumplimiento constatado de los derechos previstos en la Convención?

En principio, si atendemos a las disposiciones de los Tratados Internacionales de Derechos Humanos, parecería que en general la labor decisoria de sus Comités aparece configurada con un carácter meramente recomendatorio. Ahora bien, la distinta naturaleza de las funciones asignadas a los órganos de Tratados es susceptible de incidir en el valor jurídico que se puede atribuir a las decisiones que adoptan en el marco de sus competencias.

Este valor recomendatorio es claro en el caso de los mecanismos de seguimiento. Así, tanto del tenor literal de los Tratados como de la propia posición de los Comités se desprende que sus Observaciones Finales no tendrían un valor jurídico obligatorio, constituyendo más bien sugerencias en relación con la efectiva aplicación de las obligaciones convencionales.

Sin embargo, parece posible mantener otra posición en el caso de los dictámenes emitidos en el marco del procedimiento de denuncias individuales. Ciertamente, ni las Convenciones que establecen los Comités ni los protocolos o cláusulas facultativas que los habilitan para recibir quejas individuales, ni los reglamentos internos de los Comités, se pronuncian expresamente sobre el valor jurídico de los dictámenes sobre el fondo guardando silencio al respecto y limitándose, en su caso, a utilizar la fórmula genérica que exige a los Estados dar a estos dictámenes *la debida consideración*.

Ahora bien, existen argumentos para defender que estos pronunciamientos que, recordemos, declaran la violación de un derecho reconocido en el texto convencional en un caso concreto no pueden entenderse como meras recomendaciones.

Los dictámenes emitidos por los órganos de Tratados en el marco del procedimiento de denuncias individuales tendrían, en primer lugar, un importante valor interpretativo. Cabe precisar que, en realidad, este valor sería predicable no sólo de los dictámenes, sino que sería extensible también a otros documentos producidos por los Comités como las Observaciones Finales y muy singularmente los Comentarios Generales.

En este sentido, se ha afirmado que en su labor de control y seguimiento los Comités desarrollan una interpretación de las disposiciones de los Tratados que debe considerarse como una *interpretación autorizada* dando lugar a una especie de jurisprudencia que deberá ser tenida en cuenta por los Estados parte.

Si bien como regla los tratados de derechos humanos no declaran expresamente la potestad interpretativa de los órganos de control y supervisión, el reconocimiento de dicha competencia es generalmente admitido. Dicha interpretación debe entenderse, además, como una interpretación cualificada puesto que los propios Estados le han atribuido al órgano de Tratados, aunque sea implícitamente, la competencia de interpretar el tratado que es, además, inherente al desempeño de su función de supervisión y tiene un especial significado en este ámbito.

Por lo que interesa especialmente al objeto de la presente Guía, el valor interpretativo de sus dictámenes ha sido revindicado por los propios Comités.

Así, el Comité de Derechos Humanos en su Observación General N.º 33 ha indicado que «los dictámenes emitidos por el Comité con arreglo al Protocolo Facultativo representan un pronunciamiento autorizado de un órgano es-

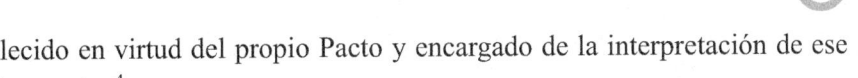

tablecido en virtud del propio Pacto y encargado de la interpretación de ese instrumento»[4].

También la doctrina y otros organismos internacionales, incluidos tribunales, han reconocido el innegable valor de los dictámenes para determinar el sentido de las disposiciones de los Tratados Internacionales. En este sentido, la Oficina del Alto Comisionado de Naciones Unidas para los Derechos Humanos ha indicado que los dictámenes de los Comités «constituyen una interpretación autorizada de los tratados respectivos».

Por tanto, en la medida en la que los Estados parte han reconocido la competencia del Comité para recibir y examinar comunicaciones individuales en las que se determina si el Estado ha violado, o no, las obligaciones contenidas en la Convención la interpretación que el Comité realiza en el desarrollo de esta tarea no puede ser desconocida para definir el alcance de las obligaciones que se derivan del Tratado y está llamada a tener efectos sobre los Estados parte.

La legitimidad, en el plano institucional, tiene que ver con que las decisiones institucionales emanen de los procesos correctos. El «proceso correcto» es una noción difícil de definir, pero viene a conceptualizar todas aquellas garantías y consideraciones consustanciales al procedimiento de toma de decisiones que harán que la decisión final goce de legitimidad.

A la hora de analizar la labor de los Comités de Derechos Humanos cuando resuelven quejas individuales, deberemos constatar qué aspectos de su configuración dotan a su procedimiento de toma de decisiones de legitimidad institucional, y en particular, cómo se podría equiparar esta legitimidad a la que revisten las decisiones emanantes de órganos jurisdiccionales.

---

[4] Comité de Derechos Humanos, Observación General N.º 33: Obligaciones de los Estados parte con arreglo al Protocolo Facultativo del Pacto Internacional de Derechos Civiles y Políticos, 25 de junio de 2009, CCPR/C/GC/33.

Nos interesa determinar qué aspectos de la configuración de los Comités en su función de emisión de dictámenes ofrecen una similitud relevante con la configuración de los tribunales internacionales, que cuentan con legitimidad reconocida para emitir decisiones con valor jurídico obligatorio/vinculante. Para ello habrá que fijarse en aspectos formales como su composición y su procedimiento de toma de decisiones.

Pues bien, en primer lugar, es muy relevante el hecho de que los Comités estén integrados por expertos de gran integridad moral y reconocida competencia en las esferas reguladas en los distintos Tratados.

Los miembros de los Comités son expertos no remunerados e independientes, que, si bien son nombrados y elegidos por los propios Estados Parte entre sus nacionales, ejercen sus funciones a título personal. En algunos casos se observa, además, un refuerzo de la equidad e imparcialidad del Comité al exigirse que se tenga en cuenta en la composición de los Comités la procedencia geográfica y la representatividad de los diferentes sistemas jurídicos existentes en los Estados parte.

Asimismo, tanto en los Reglamentos de los Comités como en las llamadas directrices de Addis Abeba, se establecen diferentes estándares orientados a asegurar su imparcialidad e independencia que incluyen, por ejemplo, reglas relativas a la no participación de miembros en ciertos procedimientos, si se dan diversas circunstancias, que pondrían en peligro la objetividad y neutralidad en la toma de decisiones.

En el marco de las comunicaciones individuales es esencial destacar que el procedimiento de denuncias individuales —cuyas reglas son públicas— se configura como un proceso contradictorio, en el que ambas partes actúan durante todo el procedimiento bajo el principio de igualdad de armas y en el que se garantiza escrupulosamente el derecho de defensa de los Estados, que pueden acceder a toda la documentación y realizar todas las alegaciones que consideren oportunas. Además, los Comités publican y razonan jurídicamente sus decisiones en forma de sentencia y es posible la emisión de votos particulares.

El propio Comité de Derechos Humanos en su Observación General N.º 33 establece que «aunque la función desempeñada por el Comité de Derechos Humanos al examinar las comunicaciones individuales no es, en sí misma, la de un órgano judicial, los dictámenes emitidos por el Comité de conformidad con el Protocolo Faltativo presentan algunas de las principales características de una decisión judicial. Se emiten con espíritu judicial, concepto que incluye la imparcialidad y la independencia de los miembros del Comité, la ponderada interpretación del lenguaje del Pacto y el carácter determinante de las decisiones».[5]

Teniendo en cuenta lo anterior se ha afirmado, con razón, que la labor que desempeñan los órganos de Tratados en el procedimiento de comunicaciones individuales al determinar si se han violado, o no, los derechos reconocidos en las Convenciones en un caso específico es propiamente una función judicial y que sus diferencias con el Tribunal Europeo de Derechos en el desempeño de esta competencia serían meramente formales —la diferente denominación organismo implicado, Comité en un caso y Tribunal en otro, y del documento resultante de su actuación, dictamen en un caso y sentencia en otro— y no sustantivas. En este punto es importante tener en cuenta, además, que una de las características básicas del Derecho internacional como sistema jurídico es, precisamente, su naturaleza no formal, lo que conduciría a minimizar la relevancia de las diferencias formales, poniendo el efecto en las semejanzas sustantivas o materiales.

Así, se ha señalado que, desde una perspectiva de Derecho Internacional, la naturaleza de los Comités y del Tribunal Europeo de Derechos Humanos es la misma, en tanto ambos operan como mecanismos de control de los Tratados y que el resultado de su actuación, en lo que atañe al sistema de denuncias individuales, no sería muy diferente si el ciudadano busca el reconocimiento de una violación de derechos humanos de tal manera que los Estados deberían cumplir los dictámenes de los Comités del mismo modo que han de cumplir las sentencias de una corte internacional.

---

[5] Comité de Derechos Humanos, Observación General N°33: Obligaciones de los Estados partes con arreglo al Protocolo Facultativo del Pacto Internacional de Derechos Civiles y Políticos, 25 de junio de 2009, CCPR/C/GC/33.

Para ir concluyendo, hay que tener en cuenta las obligaciones generales incluidas en los Tratados Internacionales de respetar y garantizar los derechos en ellos reconocidos y de adoptar todas las medidas legislativas, administrativas y de otra índole para su adecuado disfrute. Para cumplir la primera obligación, y en tanto los dictámenes ofrecen un parámetro para determinar en qué medida un Estado se ajusta a las disposiciones convencionales, es esencial que se articulen medidas para dar cumplimiento a estas decisiones poniendo fin a las violaciones de derechos que los Comités hayan identificado. Igualmente, la segunda obligación incluye no solo el deber de implantar las disposiciones de la Convención, sino también la de garantizar la existencia de remedios efectivos cuando estas son vulneradas.

Por otro lado, en relación con esta cuestión cobra también relevancia el principio general incluido en el Art. 27 de la Convención de Viena que impide invocar las disposiciones de Derecho interno como justificación del incumplimiento de un Tratado.

De acuerdo con estas consideraciones resulta evidente que el marco jurídico internacional impone la obligación de eliminar cualquier obstáculo que exista en los sistemas jurídicos internos para garantizar y hacer cumplir los derechos reconocidos en los Tratados —lo que implica también eliminar los que impidan el cumplimiento de los dictámenes que declaran violaciones de estos derechos— y que no hacerlo constituye una infracción de normas jurídicas internacionales.

En definitiva, la obligación de adoptar medidas para asegurar el cumplimiento y ejecución de los dictámenes de los Comités es una necesidad derivada de los propios Tratados que exigen al Estado tomar todas las medidas que sean oportunas para hacer efectivos los derechos y libertades en ellos reconocidos y eliminar todos los obstáculos y dificultades para que sean efectivos.

Además, conviene tener presente, que si bien los procedimientos de denuncia individual carecen de medios coercitivos para hacer ejecutar directamente los dictámenes en los últimos años los órganos de Tratados han ido desarrollando mecanismos para tratar de asegurar su cumplimiento.

Así, por ejemplo, los Comités se han dotado de relatores especiales para el seguimiento de sus dictámenes, se publican informes sobre el resultado de este seguimiento y se solicita a los Estados durante el examen de sus informes periódicos información sobre los mecanismos nacionales —legislativos o institucionales— establecidos para garantizar el cumplimiento de las recomendaciones incluidas en las Observaciones Finales y en los dictámenes sobre quejas individuales.

En todo caso, importa aclarar que los Estados son libres de aplicar las formas y medios para hacer efectivo el contenido del dictamen. En este sentido, en efecto, las recomendaciones incluidas en las decisiones sobre el fondo de las quejas individuales son eso, sugerencias sobre cómo proceder para garantizar el respeto de los derechos y la vulneración declarada. Por tanto, cabe afirmar que las decisiones adoptadas por los Comités en el marco del proceso de comunicaciones individuales no imponen a los Estados obligaciones de conducta o comportamiento —en tanto estos gozan de discrecionalidad a la hora de establecer las medidas de reparación y también a la hora de determinar los canales jurídicos para dar efectividad al dictamen—, pero sí una clara obligación de resultado: garantizar todos los derechos reconocidos en los Tratados que ha ratificado.

## 2. LOS SEIS PILARES PARA LAS POLÍTICAS INCLUSIVAS EN DISCAPACIDAD

### 2.1. No discriminación e igualdad entre mujeres y hombres

Como no podía ser de otra forma, la Convención se refiere a la igualdad y la no discriminación, a lo largo de buena parte de su articulado. Así, ya en su artículo 1, señala que su objetivo es *«promover, proteger y asegurar el goce pleno y en condiciones de igualdad de todos los derechos humanos y libertades fundamentales por todas las personas con discapacidad, y promover el respeto de su dignidad inherente».*

El artículo 2 recoge, entre las definiciones principales, la de discriminación por motivo de discapacidad, estableciendo: Por *«discriminación por motivos de discapacidad» se entenderá cualquier distinción, exclusión o restricción por motivos de discapacidad que tenga el propósito o el efecto de obstaculizar o dejar sin efecto el reconocimiento, goce o ejercicio, en igualdad de condiciones, de todos los derechos humanos y libertades fundamentales en los ámbitos político, económico, social, cultural, civil o de otro tipo.* Incluye todas las formas de discriminación, entre ellas, la denegación de ajustes razonables. Por su parte, el artículo 3 recoge, entre los principios generales, a la no discriminación, la igualdad de oportunidades y la igualdad entre el hombre y la mujer.

Y, en fin, el artículo 5, cuyo título es precisamente *«Igualdad y No Discriminación»*, señala:

*1. Los Estados Parte reconocen que todas las personas son iguales ante la ley y en virtud de ella y que tienen derecho a igual protección legal y a beneficiarse de la ley en igual medida sin discriminación alguna. 2. Los Estados Parte prohibirán toda discriminación por motivos de discapacidad y garantizarán a todas las personas con discapacidad protección legal igual y efectiva contra la discriminación por cualquier motivo. 3. A fin de promover la igualdad y eliminar la discriminación, los Estados Parte adoptarán todas las medidas pertinentes para asegurar la realización de ajustes razonables. 4. No se considerarán discriminatorias, en virtud de la presente Convención, las medidas específicas que sean necesarias para acelerar o lograr la igualdad de hecho de las personas con discapacidad.*

El discurso de los derechos en materia de igualdad debe partir del hecho de la diferencia, de manera contraria a lo que ocurrió en el origen de la historia de los derechos (y todavía hoy se mantiene por algunos) en donde se hablaba de la igualdad como un hecho que caracterizaba a los seres humanos. Los seres humanos somos diferentes y nos encontramos en situaciones diferentes.

A partir de ahí, el discurso sobre la igualdad se desenvuelve a través de dos grandes proyecciones: la diferenciación negativa y la positiva. En la primera, la diferenciación negativa, se trata de averiguar qué rasgos de los que nos hacen diferentes o qué situaciones que nos diferencian son irrelevantes para justificar un trato distinto; en la segunda, la diferenciación positiva, se trata de averiguar qué rasgos de los que nos hacen diferentes o qué situaciones que nos diferencian son relevantes para justificar un trato distinto.

En el discurso de la discapacidad hablamos de discriminación indirecta para hacer referencia a normas y actos aparentemente neutros que ocasionan una desventaja a una persona respecto de otras por motivo de o por razón de discapacidad. La discriminación múltiple se produce cuando una persona es discriminada por diferentes motivos, la compuesta se produce cuando varios motivos de discriminación producen conjuntamente una barrera social, y la discriminación interseccional tiene lugar cuando varios factores de discriminación operan conjuntamente produciendo un tipo específico de discriminación.

También ha cobrado una gran importancia la discriminación por asociación, que se produce cuando una persona o grupo en que se integra es discriminada por su relación con otra, por motivo o por razón de discapacidad.

La lucha contra la discriminación de las personas con discapacidad ha utilizado también las estrategias de la situación y de la identidad. La estrategia de la situación parte de la afirmación del valor de las personas (normalmente apelando a la dignidad humana) y presta atención a las circunstancias en las que se encuentran. Estas circunstancias pueden ser descritas en términos de discriminación dependiendo de la relevancia o no de la diferencia. Así, en el ámbito de los derechos se produce discriminación cuando esas circunstancias conllevan la insatisfacción de los derechos. La estrategia de la identidad parte del valor del grupo (normalmente apelando a la diversidad) y presta atención a los rasgos que sirven para identificar a una persona o a un grupo. Desde estos rasgos se pueden producir situaciones de discriminación cuando no se satisfacen derechos por motivo de esos rasgos o cuando no se reconocen derechos específicos por el desconocimiento de esos rasgos.

Estas dos estrategias están presentes en el tratamiento de los llamados grupos en situación de vulnerabilidad. En efecto, estos dos argumentos sirven para diferenciar, por ejemplo, en el ámbito de los derechos de las mujeres, entre el feminismo de la igualdad (que adoptaría un enfoque de la situación) y el de la diferencia (que adoptaría un enfoque de la identidad).

En la historia del tratamiento de la discapacidad es posible advertir cómo, desde un punto de vista general, se ha pasado de un enfoque centrado en los rasgos (es decir, identitario) a un enfoque más de situación. El propio modelo social se corresponde con este último enfoque.

Existe otro modelo de tratamiento de la discapacidad que apela también a la diversidad, pero desarrollando un discurso diferente: el preconizado por la denominada «Comunidad Sorda» y que permite hablar de un modelo de la diversidad identitaria. El modelo defendido desde esa proclamada «Comunidad Sorda» exalta el valor de las personas con discapacidad, pero lo hace considerando que se trata de un grupo cultural con valores propios que deben ser protegidos, garantizados y promovidos por la sociedad. En este sentido, además de la eliminación de barreras, es necesario proteger los rasgos que definen a este grupo y elaborar políticas que permitan su desarrollo y su pervivencia en el tiempo.

### 2.1.1. Discriminación por razón de género

Otro principio que prevé la Convención, en el artículo 3, es el de la igualdad entre el hombre y la mujer, adoptando un doble enfoque. Por un lado, un artículo específico sobre la materia y, por el otro, la transversalidad de la perspectiva de género a lo largo del instrumento. Durante el proceso de elaboración del documento, resultó difícil decidir si era conveniente adoptar solo un artículo sobre mujer con discapacidad, o una perspectiva de transversalidad a lo largo de toda la Convención, o ambos. Finalmente se decidió el doble enfoque, que implica, por un lado, un artículo específico (para visibilidad) y, por el otro, la transversalidad de las cuestiones de género a lo largo de la Convención.

De este modo, el artículo específico establece: Artículo 6. Mujeres con Discapacidad.

1. *Los Estados Parte reconocen que las mujeres y las niñas con discapacidad están sujetas a múltiples formas de discriminación y que, a ese respecto, deben adoptar medidas para asegurar que puedan disfrutar plenamente y en condiciones de igualdad de todos los derechos humanos y libertades fundamentales.*

2. *Los Estados Parte tomarán todas las medidas pertinentes para asegurar el pleno desarrollo, adelanto y potenciación de la mujer, con el propósito*

*de garantizarle el ejercicio y disfrute de los derechos humanos y las li-*
*bertades fundamentales establecidos en la presente Convención.*

En esta norma específica se reconoce, entre otras cuestiones, la discriminación que sufren las mujeres con discapacidad y la obligación de adoptar medidas a fin de garantizar el disfrute pleno y en igualdad de los derechos humanos y libertades fundamentales. Asimismo, más allá de este artículo específico, la Convención adopta una perspectiva de transversalidad al momento de garantizar ciertos derechos, que se encuentra plasmada en los artículos que regulan la toma de conciencia (Art. 8), el derecho a la protección contra la explotación, la violencia y los abusos (Art. 16), el derecho a la salud (Art. 25), el derecho a un nivel de vida adecuado y a la protección social (Art. 28) y la regulación de la conformación del Comité sobre los Derechos de las Personas con Discapacidad (Art. 34).

En la actualidad sigue existiendo un gran desconocimiento de cuáles son los problemas y necesidades reales de las personas con discapacidad, y aún más de las mujeres y niñas. Son aún muy pocos los países donde se han desarrollado investigaciones específicas sobre mujeres y niñas con discapacidad.

En España, por ejemplo, a pesar de las reiteradas peticiones al Gobierno para que incluya en los registros estadísticos indicadores que ofrezcan luz acerca de su situación, sin embargo, la información sigue siendo escasa y carente de sistematicidad.

En líneas generales podemos afirmar que las mujeres y niñas con discapacidad sufren un grado de exclusión mayor que sus compañeros varones. Hay ámbitos en los que esta desigualdad es muy clara, como por ejemplo en el acceso al empleo, dificultad que también comparten las mujeres sin discapacidad, lo que incide directamente en la percepción de ingresos económicos y en la menor posibilidad de llevar una vida independiente.

Asimismo, el ejercicio de los derechos sexuales y reproductivos de las mujeres con discapacidad ha sido una asignatura pendiente durante muchos años.

La coacción al libre disfrute de la sexualidad, la práctica de esterilizaciones forzadas y la disuasión por parte del personal profesional de la salud, las familias, y por la sociedad en general, ante posibles embarazos de mujeres con discapacidad, son claras barreras a la libre decisión de estas mujeres sobre todo lo que concierne a su propio cuerpo. A estas formas de violencia hay que sumarles otras muchas: la ejercida en el seno de las familias, la violencia de las personas cuidadoras en instituciones, la violencia perpetrada por sus parejas y/o exparejas.

Para realizar un correcto acercamiento a esta cuestión es preciso tener en cuenta qué situaciones concretas puede enfrentar una mujer con discapacidad y para ello hay que conocer cómo se articulan los factores de exclusión, es decir, cómo se conectan los constructos sociales de la discapacidad y el género dando lugar a situaciones de discriminación específicas.

Dentro del movimiento social de la discapacidad, las mujeres han tenido una presencia especialmente activa a la hora proponer nuevos enfoques y maneras de abordar el tema de los derechos humanos y la discapacidad. Ha sido una suerte de lucha dentro de la lucha social, a veces incomprendida otras veces potenciada, pero siempre crítica con la corriente imperante empeñada en homogeneizar a las mujeres y a los hombres con discapacidad.

La obcecación por invisibilizar las diferencias que la identidad de género comporta ha dado lugar a que se formulen reivindicaciones sociales consideradas falsamente «neutras», que supuestamente inciden de igual manera sobre mujeres y hombres, pero que, en última instancia, y sin que esto sea casual, responden a los intereses concretos de un sujeto con discapacidad sospechosamente masculino.

Al otro lado, pero de manera muy similar, las organizaciones feministas tampoco han considerado como propias las reivindicaciones de las mujeres con discapacidad, fundamentalmente por desconocimiento y también porque en el imaginario colectivo compartido las personas con discapacidad —personas a secas— siempre han sido caracterizadas como objetos de cuidado y, por lo tanto, parte de la cuestión de la política del cuidado. La discapacidad concebida como «problema» se ha trasladado a las mujeres, principales cuidadoras en España, sin que se vislumbre el análisis y la práctica críticos que las propias mujeres con discapacidad iniciaron hace ya muchos años en clave feminista.

### 2.1.2. Discriminación por razón de edad

La edad se presenta como un factor intrínseco en el desarrollo de la vida de cada individuo e incide directamente en sus interacciones con la sociedad en las distintas etapas que atraviesa. Esta variable condiciona dichas relaciones y altera las percepciones sociales, lo que expone a la persona a posibles tratos despectivos o desventajas, tanto por ser considerada demasiado joven como demasiado mayor. Por eso, cuando hablamos de discriminación por razón de edad, consideramos que este tipo de discriminación lleva consigo un componente de estereotipo, al asignar la sociedad una serie de características a las diferentes edades, reales o no.

La discriminación por edad puede afectar a las personas jóvenes o a las mayores, aunque, como veremos a continuación, es en este segundo grupo en el que la discriminación incide con mayor intensidad y existe más desprotección.

#### 2.1.2.1. Discriminación a las personas mayores con discapacidad

No es ninguna sorpresa que la población mundial está experimentando un envejecimiento, una fase de la vida que todos estamos destinados a experimentar. Según datos del INE[6], actualmente el porcentaje de población de 65 años y más se sitúa en el 20,1 % de la población total. Las proyecciones demográficas de este organismo predicen que la población mayor de 65 años seguirá creciendo de manera sostenida hasta 2050, dónde alcanzaría un máximo del

---

[6] Instituto Nacional de Estadísticas, Proyecciones de la población 2022-2072. Disponible en: https://www.ine.es/dyngs/INEbase/es/operacion.htm?c=Estadistica_C&cid=1254736176953&menu=ultiDatos&idp=1254735572981

30,4 % de la población total. Son la prueba gráfica de que las personas mayores son, y seguirán siendo, el grupo poblacional con mayor peso demográfico.

En nuestro contexto, se suele considerar mayor a una persona cuando alcanza los 65 años. Sin embargo, son los aspectos culturales (que pecan de estar plagados de estereotipos) los que determinan cuándo comenzamos a tratar a alguien como una persona mayor. Cuando percibimos que una persona comienza a envejecer, el trato que le prestamos cambia, plagado de paternalismos e infantilización. Asumimos que tienen más dificultades, tanto físicas como para comprender el mundo. Los convertimos en personas vulnerables a las que hay que proteger, privándoles incluso de su autonomía e independencia, lo que repercute en la efectividad de sus derechos. Esto es resultado del edadismo que, al igual que el machismo o el capacitismo, genera estructuras sociales por las que las personas mayores se presentan como despojadas de valor, frágiles e incapaces; justificando así las exclusiones o tratamientos diferenciados.

Como estructura social que discrimina, el edadismo impregna también las políticas y acciones sociales, por lo que se debe defender la adopción del enfoque de los derechos humanos para el desarrollo de las políticas públicas. Desde este enfoque, la vulnerabilidad de las personas mayores es resultado de la relación entre sus condiciones y las barreras sociales que impiden su participación plena y efectiva en igualdad de condiciones. Así, este planteamiento es similar al adoptado por la Convención en el marco del modelo social de la discapacidad. Con todo, las semejanzas entre las personas mayores y las personas con discapacidad no terminan ahí. La realidad es que envejecer significa, en muchos casos, convivir con la discapacidad.

Así lo muestran los datos recogidos por el INE en la última gran encuesta, EDAD 2020: de los 4,5 millones de personas con discapacidad residentes en España, el 60 % son mayores de 64 años mientras que la población menos de 35 años supone apenas un 8 %. Otro dato significativo recoge que, si las personas con discapacidad suponen un 10 % de la población total, en el grupo poblacional de mayores de 85 años la tasa porcentual de la discapacidad se dispara, superando el 50 %. Estos datos respaldan la correlación directa entre

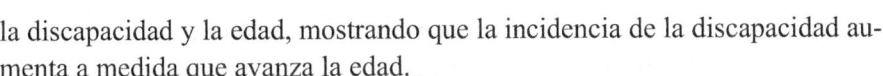

la discapacidad y la edad, mostrando que la incidencia de la discapacidad aumenta a medida que avanza la edad.

En este punto debemos hacer una distinción entre personas mayores con discapacidad y personas con discapacidad mayores. En las personas mayores con discapacidad, la discapacidad tiene un carácter sobrevenido puesto que surge en el envejecimiento, un momento vital en el que aumentan las situaciones que pueden causar la aparición de discapacidad. Ello requiere un esfuerzo por parte de la persona y de su entorno para adaptarse al nuevo contexto, puesto que puede ser complicado aceptar la nueva realidad.

En cambio, las personas con discapacidad mayores son aquellas que han convivido la mayor parte de su vida con la discapacidad. Para ellas, la discapacidad es un factor más que ha conformado su identidad individual: forma parte de quienes son. Si bien es verdad que las personas con discapacidad mayores se han enfrentado a las barreras y limitaciones sociales en todas las etapas de su vida, no escapan al hecho de que en el envejecimiento las situaciones de discapacidad se puedan multiplicar. También debemos señalar que, hasta hace no mucho, una parte de la población con discapacidad no alcanzaba la etapa de la vejez puesto que su esperanza de vida se veía truncada por el mero hecho de presentar una discapacidad. Hablamos de, por ejemplo, personas con problemas de salud mental (discapacidad psicosocial), personas con discapacidad intelectual, como personas con síndrome de Down o trastornos del espectro del autismo, etc. Es una noticia alentadora que más personas con discapacidad lleguen a ser mayores, aunque tenemos que percatarnos de que hay personas con discapacidad que experimentan el envejecimiento prematuramente respecto a la población general.

Independientemente de que se trate de personas mayores con discapacidad o personas con discapacidad mayores, ambos grupos están enormemente expuestos a la discriminación. En la década de los noventa del siglo XX, Naciones Unidas elaboró una serie de principios en favor de las personas mayores referidos a la independencia, la participación, los cuidados, la autorrealización y la dignidad. Concretamente, en la Convención encontramos referencias directas e indirectas a la discriminación por razón de edad en relación, por ejemplo, al acceso a la justicia, la protección contra el abuso, la salud o el nivel adecuado de vida. En este texto se introduce el nuevo concepto de igualdad inclusiva, que resulta importante al incluir la discriminación interseccional. Esto se traduce en que se reconoce que una persona en la etapa de la vejez que conviva con una discapacidad podrá ser igualmente discriminada por razón de su edad como por la discapacidad. La Convención, concretamente los principios enumerados en el Art. 3, ha servido de base para el desarrollo de políticas sociales para personas mayores.

También debemos tener presente la existencia de una discriminación estructural que sufre este grupo de personas en situación de vulnerabilidad, pero para corregirla el papel del derecho no es tan importante como el papel del cambio social y cultural.

Desde las organizaciones que representan a las personas con discapacidad y a sus familias, debemos tener presentes las reclamaciones e individualidades de las personas mayores. Al concurrir en ellas dos factores de exclusión (la edad y la discapacidad) las barreras sociales a las que se enfrentan discriminan de manera más intensa. Solo teniendo en cuenta su diversidad podremos ser capaces de defender sus demandas.

2.1.2.2. Discriminación a los niños y niñas con discapacidad

En España, según los datos publicados por la encuesta del INE EDAD 2020[7], el número de niños y niñas entre seis y quince años con algún tipo de discapacidad se situó en 106.300 en el año 2020. Al converger en ellos dos factores de exclusión, suelen ser objeto de discriminación múltiple e interseccional. En este sentido, en el estudio del INE anteriormente mencionado se informó de que cuatro de cada diez niños con discapacidad (entre seis y quince años) de-

---

[7] Instituto Nacional de Estadísticas, Encuesta de discapacidad, autonomía personal y situaciones de dependencia 2020. Disponible en: https://www.ine.es/dyngs/INEbase/es/operacion.htm?c=Estadistica_C&cid=1254736176782&idp=1254735573175#:~:text=Un%20total%20de%204%2C38,tipo%20de%20discapacidad%20m%C3%A1s%20frecuente

claron haberse sentido discriminados en el ámbito escolar. Significativo es el caso de las niñas con discapacidad, quienes además son especialmente vulnerables a la violencia (tanto dentro de las estructuras familiares como en instituciones) y sufren un mayor riesgo de exclusión y aislamiento social debido a la discriminación de género. Especial mención merecen los graves déficits de detección en este período de la vida de la persona cuando hay problemas de salud mental, por cuanto afecta a la invisibilización de sus necesidades y al ejercicio de sus derechos.

Los niños y niñas con discapacidad se enfrentan a barreras sociales, culturales, actitudinales y físicas que les impiden disfrutar plenamente de sus derechos y vivir una vida plena en igualdad de condiciones con los demás. Son niños y niñas que ven limitada su participación en la sociedad desde los primeros estadios de su vida. Todo ello afecta a su desarrollo y su bienestar físico, emocional y cultural. Además, prácticas como la segregación, que prevalecen hoy en día por el persistente estigma social, repercute a corto y largo plazo en sus perspectivas de vida y bienestar.

La protección de los niños y niñas con discapacidad frente a la discriminación se garantiza desde el artículo 7 de la Convención (junto con el artículo 5 del mismo texto). En su primer apartado, este precepto insta a los Estados a garantizar que *«todos los niños y las niñas con discapacidad gocen plenamente de todos los derechos humanos y libertades fundamentales en igualdad de condiciones con los demás niños y niñas»*.

Este artículo debe relacionarse necesariamente con otros preceptos de la Convención para resultar efectivo en diversos ámbitos. Así, en el Art. 23 de la Convención, garantiza a los niños y niñas con discapacidad la igualdad de derechos con respecto a la vida familiar. Negar a los niños y niñas con discapacidad el derecho a crecer en el seno de su familia no es sino otra forma de discriminación. Además, la separación de los niños y niñas con discapacidad de sus familias suele conllevar el internamiento forzoso en instituciones, privándoles así de su libertad. Los niños y niñas tienen derecho a crecer en una familia y ser incluidos en la comunidad. A tal fin, es necesario que se proporcione a las familias información, recursos y asistencia con el objetivo de que puedan proporcionar a los niños y niñas con discapacidad el apoyo y las condiciones de vida necesarias para su desarrollo personal.

En esta línea, hay que señalar que la institucionalización de los niños y niñas con discapacidad resulta perjudicial para su desarrollo óptimo y bienestar. El Art. 19 de la Convención recoge la prohibición de segregar e internar a las personas con discapacidad en instituciones. Además, desde la Oficina del Alto Comisionado de las Naciones Unidas se ha venido advirtiendo de que los niños y niñas que crecen en entornos institucionales *«experimentan retrasos en su desarrollo y daños psicológicos potencialmente irreversibles»*[8]. También corren un mayor riesgo de sufrir violencia y violaciones de sus derechos más básicos. La institucionalización es, asimismo, uno de los obstáculos más grandes para alcanzar la educación inclusiva.

El derecho a una educación inclusiva se recoge en el Art. 24 de la Convención, prohibiéndose además la exclusión de los niños y niñas del sistema general de educación por motivos de discapacidad. Los modelos de exclusión segregada son excluyentes y perpetúan el estigma y los estereotipos negativos. Para desmontar estas creencias sociales y culturales, y cambiar las actitudes discriminatorias, es necesaria la educación. Fomentar la diversidad desde los entornos de educación refuerza la creación de conciencia sobre el valor de las personas con discapacidad. De ahí la necesidad de alcanzar un acceso igualitario a las escuelas a través de la educación inclusiva. Este objetivo se puede lograr desarrollando nuevos entornos educativos conforme al diseño universal, para que sean inclusivos; además de proporcionando los ajustes razonables necesarios para cada niño o niña con discapacidad.

Por último, no debemos olvidar que, para garantizar un nivel de vida adecuado para los niños y niñas con discapacidad (conforme al Art. 28 de la Con-

---

[8] Oficina de la Alta Comisionada de las Naciones Unidas, Empoderar a los niños con discapacidad para el disfrute de sus derechos humanos, en particular mediante la educación inclusiva, 22 de enero de 2019, A/HRC/40/27.

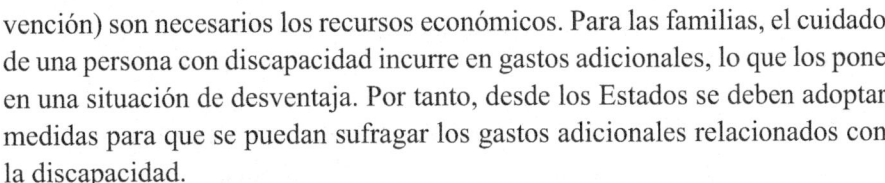

vención) son necesarios los recursos económicos. Para las familias, el cuidado de una persona con discapacidad incurre en gastos adicionales, lo que los pone en una situación de desventaja. Por tanto, desde los Estados se deben adoptar medidas para que se puedan sufragar los gastos adicionales relacionados con la discapacidad.

Frente al estigma, estereotipos y discriminación generalizados a la que se enfrentan los niños y niñas con discapacidad únicamente cabe el empoderamiento para lograr la efectividad de sus derechos. Y el empoderamiento de los niños y niñas pasa necesariamente por asegurar su participación en la comunidad y en la toma de decisiones, un tema que abordaremos en próximos apartados de esta guía.

## 2.2. Accesibilidad

El artículo 9 de la Convención sobre los derechos de las personas con discapacidad se refiere a la accesibilidad universal afirmando:

*«A fin de que las personas con discapacidad puedan vivir en forma independiente y participar plenamente en todos los aspectos de la vida, los Estados Partes adoptarán medidas pertinentes para asegurar el acceso de las personas con discapacidad, en igualdad de condiciones con las demás, al entorno físico, el transporte, la información y las comunicaciones, incluidos los sistemas y las tecnologías de la información y las comunicaciones, y a otros servicios e instalaciones abiertos al público o de uso público, tanto en zonas urbanas como rurales.»*

Así, la lectura de este artículo parece relacionar la accesibilidad con una serie de ámbitos: entorno físico, el transporte, la información y las comunicaciones, y otros servicios e instalaciones abiertos al público o de uso público. No obstante, el artículo menciona otros tres grandes derechos que sirven para justificar la accesibilidad y que permiten ampliar enormemente su proyección.

Se trata de la vida independiente, de la participación en la vida social y de la igualdad de oportunidades.

El artículo 19 de la Convención se refiere al derecho a vivir de forma independiente señalando:

*«Los Estados Partes en la presente Convención reconocen el derecho en igualdad de condiciones de todas las personas con discapacidad a vivir en la comunidad, con opciones iguales a las de las demás, y adoptarán medidas efectivas y pertinentes para facilitar el pleno goce de este derecho por las personas con discapacidad y su plena inclusión y participación en la comunidad, asegurando en especial que: a) Las personas con discapacidad tengan la oportunidad de elegir su lugar de residencia y dónde y con quién vivir, en igualdad de condiciones con las demás, y no se vean obligadas a vivir con arreglo a un sistema de vida específico».*

La participación plena en la vida social es un derecho presente en la definición de la discapacidad y que fundamenta muchos de los derechos que la Convención alude.

Así, en su artículo 1 puede leerse: *«Las personas con discapacidad incluyen a aquellas que tengan deficiencias físicas, mentales, intelectuales o sensoriales a largo plazo que, al interactuar con diversas barreras, puedan impedir su participación plena y efectiva en la sociedad, en igualdad de condiciones con las demás».*

La igualdad de oportunidades sirve también de justificación a la accesibilidad, y de alguna manera, integra a los dos anteriores. Esta igualdad implica la adopción de medidas orientadas a eliminar los obstáculos que impiden que los individuos compitan en condiciones de igualdad.

El juego de estos tres derechos permite hablar de una concepción amplia de la accesibilidad y entenderla como el eje del sistema de los derechos de las personas con discapacidad. Se trata de un eje compuesto por tres elementos: el diseño universal, las medidas de accesibilidad y los ajustes razonables.

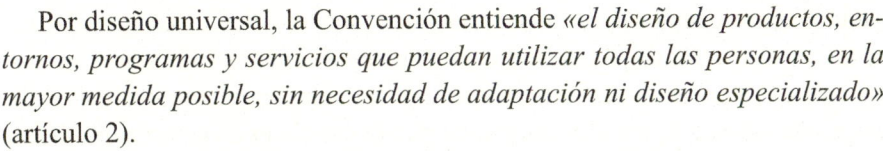

Por diseño universal, la Convención entiende *«el diseño de productos, entornos, programas y servicios que puedan utilizar todas las personas, en la mayor medida posible, sin necesidad de adaptación ni diseño especializado»* (artículo 2).

Ahora bien, la comprensión extensa de la accesibilidad exige ampliar también el significado del diseño universal, subrayando la condición de la universalidad. Así, el diseño universal no se proyecta solo sobre productos, entornos, programas y servicios, sino también sobre derechos. Los derechos deben poder ser ejercidos por todos y todas, siendo éste un requisito de la accesibilidad. Además, el ejercicio de los derechos puede verse dificultado o impedido debido no sólo a barreras físicas, sino también psicosociales, cognitivas y sensoriales. Es decir, las barreras actitudinales, administrativas, sistémicas o simbólicas que son alzadas por el estigma y los prejuicios.

En este sentido, la accesibilidad universal se logra haciendo productos, entornos, programas, servicios y derechos utilizables y ejercibles por todos y todas. Desde un punto de vista conceptual, lo problemático del diseño universal radica en la determinación del término posible que, como se habrá observado, sirve de límite interno a su contenido.

En términos generales esto implica que la obligación del diseño universal puede decaer cuando este no sea posible. Pues bien, es en este caso cuando entra en juego lo que podríamos mencionar como *medida de accesibilidad*. No encontramos en la Convención una definición de medida de accesibilidad. En todo caso se trata de actuaciones que tienden a corregir situaciones en las que el diseño universal no se ha satisfecho de manera justificada, esto es, porque no era posible. La medida de accesibilidad está dirigida a convertir el producto, entorno, programa, servicio y/o derechos en utilizable o ejercible.

Los ajustes razonables son definidos en la Convención como: las modificaciones y adaptaciones necesarias y adecuadas que no impongan una carga desproporcionada o indebida, cuando se requieran en un caso particular, para garantizar a las personas con discapacidad el goce o ejercicio, en igualdad de condiciones con las demás, de todos los derechos humanos y libertades fundamentales. Con carácter general, los ajustes razonables adquieren su significado cuando el bien de la accesibilidad no se puede satisfacer de manera universal, ya sea a través del diseño universal o de las medidas de accesibilidad, y se convierte así en un auténtico derecho destinado a remediar esa situación particular.

Siguiendo la dinámica abordada para la accesibilidad y el diseño universal, la tabla comparativa entre estas figuras sería la siguiente:

| Concepto | Ámbito de modificación del entorno | Beneficiarios | Alcance de la obligación |
|---|---|---|---|
| Accesibilidad | General | Todas las personas con discapacidad | Deben adoptarse medidas de accesibilidad |
| Diseño Universal | General | Todas las personas | Deben promoverse estudios y normas técnicas en diseño universal |
| Ajuste razonable | Específico | Una persona con discapacidad | Aquel a quien se le solicita el ajuste puede oponer que este no resulta razonable |

Ahora bien, como se adelantó al inicio de este epígrafe, suelen confundirse las figuras de ajuste razonable y accesibilidad. De acuerdo con el Comité de Derechos de las Personas con Discapacidad, se debe a que la accesibilidad puede no ser suficiente para ciertos individuos con discapacidades raras. Por su parte, Pérez Bueno ha señalado que el ajuste razonable, se configura, entre otros, «*en aquellos casos no alcanzados por las obligaciones generales de protección de los derechos de las personas con discapacidad (elemento de subsidiariedad); (.) y que su finalidad es la de facilitar la accesibilidad o la participación de las personas con discapacidad en análogo grado que los demás miembros de la comunidad (elemento de garantía del derecho a la igualdad)».*[9]

De esta forma, la ausencia de accesibilidad, esto es, el incumplimiento de la obligación de accesibilidad puede estar justificado o puede no estarlo, y ello depende de que se haya satisfecho o no el diseño universal (bien originariamente o bien a través de medidas de accesibilidad).

Si se ha satisfecho, bien porque existe accesibilidad universal o bien porque no era posible o razonable que existiera, no podemos hablar de incumplimiento de la obligación de accesibilidad.

Si no se ha satisfecho, porque no existe accesibilidad universal y era posible o razonable que existiera, podemos hablar de incumplimiento de la obligación de accesibilidad. Y en este segundo caso, estamos en presencia de una discriminación que debe arreglarse corrigiendo la situación y logrando la accesibilidad. Si la accesibilidad universal no se ha satisfecho porque no es posible, entra en juego el ajuste razonable que pretende corregir esta situación de manera individual. Lo problemático del ajuste se produce a la hora de determinar su razonabilidad y a la hora de establecer cuándo estamos en presencia de una carga desproporcionada o indebida. Estos referentes pueden provocar que finalmente la accesibilidad no se satisfaga.

## 2.3. Participación de las personas con discapacidad y sus familias

En los sistemas democráticos es de vital importancia la participación de los ciudadanos. No solo porque la participación (como derecho individual) sea necesaria para el desarrollo de la libertad, autonomía y dignidad de la persona. También es importante debido a que cumple una función imprescindible dentro

---

[9] PÉREZ BUENO, Luis Cayo. «La Configuración Jurídica de los Ajustes Razonables», en PÉREZ BUENO, Luis Cayo (dir.) *2003-2012: 10 años de legislación sobre no discriminación de personas con discapacidad en España. Estudios en homenaje a Miguel Ángel Cabra de Luna.* Madrid: CERMI/Ediciones Cinca. 2012, p. 166.

de la comunidad: no se puede hablar de democracia sin que se garantice el derecho de todos los ciudadanos a participar.

Todo individuo debe poder intervenir efectivamente en todas aquellas decisiones que le incumban y afectan. Sin embargo, las personas con discapacidad se han visto privadas de poder ejercer su derecho a participar en las decisiones que afectan a sus vidas. Bajo el lema: *«¡Nada sobre nosotros sin nosotros!»* se configuró la reivindicación histórica de los movimientos de defensa de los derechos humanos de las personas con discapacidad. Estos movimientos, que surgen como reacción al modelo médico-rehabilitador de la discapacidad, reclaman la plena participación e igualdad de oportunidades de las personas con discapacidad. La participación plena y efectiva es uno de los presupuestos principales del modelo social. Las personas con discapacidad tienen que ser tenidas en cuenta en la comunidad, puesto que tienen mucho que aportar. No se pueden tomar decisiones sobre este grupo en situación de vulnerabilidad sin escuchar qué tienen que decir ellos y ellas al respecto. Estas ideas están muy relacionadas con los presupuestos de inclusión y la aceptación de la diferencia.

La participación activa, informada y efectiva de las personas con discapacidad responde al enfoque de los derechos humanos. Por tanto, al adoptar la Convención el modelo social de la discapacidad, la participación efectiva de las personas con discapacidad revierte una especial importancia como pilar de las políticas inclusivas en discapacidad. Tanto es así que la propia negociación y elaboración del texto legal ejemplificó la participación de las personas con discapacidad, a través de las organizaciones que las representan. Fueron estas organizaciones las que trabajaron activamente en el proyecto, cuyo texto final es el producto de haber integrado todas estas aportaciones. En el texto de la Convención se garantiza que las personas con discapacidad sean tenidas en cuenta en todos los momentos de elaboración de políticas públicas que afecten directa o indirectamente a sus vidas (incluyendo las fases previa y posterior).

Así, la participación plena y efectiva de las personas con discapacidad y de las organizaciones que las representan es un principio general que ordena la

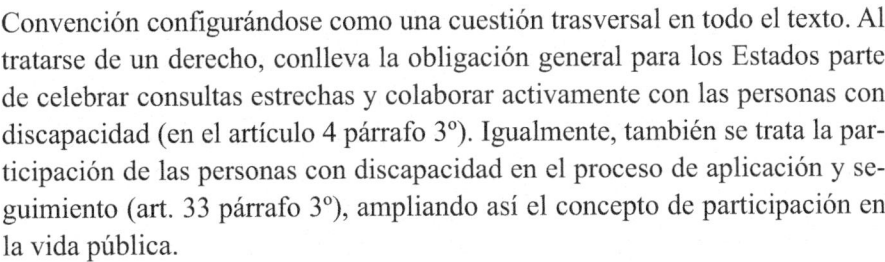

Convención configurándose como una cuestión trasversal en todo el texto. Al tratarse de un derecho, conlleva la obligación general para los Estados parte de celebrar consultas estrechas y colaborar activamente con las personas con discapacidad (en el artículo 4 párrafo 3º). Igualmente, también se trata la participación de las personas con discapacidad en el proceso de aplicación y seguimiento (art. 33 párrafo 3º), ampliando así el concepto de participación en la vida pública.

Como principio, se aboga por la «participación e inclusión plenas y efectivas en la sociedad» (artículo 2 párrafo 3º). Estos conceptos parten de que la sociedad reconoce la valía de las personas con discapacidad: que las reconoce como iguales. La participación va más allá de la mera participación en consultas. La participación «plena y efectiva» implica la intervención real en la comunidad y en los procesos de adopción de decisiones. Supone la posibilidad de emitir opiniones y de influir; además de denunciar aquellas situaciones en las que se les niegue el derecho a participar. En cuanto a la inclusión, para que pueda darse, requiere la eliminación de barreras, tanto físicas o ambientales como actitudinales. Para que las personas con discapacidad puedan participar en la sociedad en igualdad de condiciones es necesario que esta se adapte. La exigencia de una sociedad accesible y abierta a la diversidad es requisito para que las personas con discapacidad puedan participar en ella.

Con todo, sigue existiendo una importante disparidad entre los objetivos y espíritu de la Convención y la realidad material. Todavía no se ha alcanzado la participación plena y efectiva de las personas con discapacidad; y uno de los motivos es la falta de consultas sustantivas o la insuficiente colaboración desde las instituciones, sobre todo en lo que se refiera a la elaboración y aplicación de políticas. La necesidad de participación va más allá de los temas directamente relacionados con la discapacidad. El espacio de participación debe ampliarse al debate de cualquier decisión, aunque aparentemente no repercuta de modo directo en la situación de las personas con discapacidad.

Son las personas con discapacidad, junto con las organizaciones que las representan, las que tienen la experiencia y el conocimiento sobre lo que necesitan para hacer efectivos sus derechos. Esto, en el marco de la democracia participativa, refuerza el papel del Tercer Sector como interlocutor. Este actúa de forma colaborativa, cohesionada y coordinada para conseguir que se escuchen las reivindicaciones de las personas con discapacidad. Es necesario crear cauces inclusivos y accesibles para todos, teniendo en cuenta la diversidad dentro del propio movimiento por la discapacidad y los factores de interseccionalidad, a fin de que se puedan defender las necesidades y derechos de las personas con discapacidad desde el diálogo civil.

### 2.4. Toma de conciencia

Como venimos señalando en apartados anteriores, en la redacción de la Convención se adopta una perspectiva basada en los derechos humanos en relación con las personas con discapacidad. Esto significa que las personas con discapacidad, como cualquier otro ser humano, tienen unos derechos inherentes que han de ser reconocidos y protegidos en igualdad de condiciones. Esta concepción acerca de la discapacidad como algo social es novedosa y, en muchos sentidos, adelantada a la concepción imperante en la sociedad. Así, las personas con discapacidad y sus familias siguen expuestas a la estigmatización, el abandono, las prácticas nocivas, los prejuicios y los estereotipos. Aunque en el plano legislativo las personas con discapacidad tengan reconocidos derechos fundamentales inherentes a su dignidad como seres humanos; en el plano social se perpetúa un sistema discriminatorio.

Ahí es dónde toma relevancia el principio de la toma de conciencia. Además de aparecer como principio en el Art. 3 de la Convención; la toma de conciencia se recoge específicamente en el Art. 8 de este texto internacional como una obligación para los Estados. Así, compromete a los Estados a adoptar medidas para sensibilizar sobre la realidad y las capacidades de las personas con discapacidad. Además, las medidas para promover la toma de conciencia deben abordarse desde un enfoque interseccional; esto es: teniendo en cuenta los diferentes factores de exclusión que pueden incidir en una persona con discapacidad.

El principio de toma de conciencia se refiere a la importancia de generar una percepción y conocimiento acerca de los derechos, las necesidades y las capacidades de las personas con discapacidad. Busca reconocer la diversidad intrínseca a la condición humana y la dignidad inherente a todas las personas, independientemente de su condición. Desde la Convención se promueve la idea de construir una sociedad inclusiva (una visión acorde con el principio de igualdad inclusiva). Como se ha señalado en apartados anteriores, para alcanzar la inclusión es necesaria la participación plena y efectiva de las personas con discapacidad en igualdad de condiciones. Y, para que pueda producirse la participación activa, es condición indispensable la eliminación de barreras tanto físicas como actitudinales. Mientras que para eliminar las barreras físicas partimos de principios como el diseño universal o los ajustes razonables; para acabar con las actitudes discriminatorias es esencial el principio de toma de conciencia, tal y como se configura en el Art. 8 de la Convención.

Volviendo sobre este artículo, en él se recogen una serie de medidas dirigidas a la toma de conciencia por parte de la sociedad y las familias. Estas medidas van referidas a áreas tan importantes como la educación, el empleo o la cultura. Así, se insta a los Estados a poner en marcha campañas de sensibilización públicas. Estas campañas deben fomentar actitudes inclusivas hacia los derechos de las personas con discapacidad, impulsar percepciones positivas y una conciencia social más profunda sobre sus contribuciones, así como reconocer las capacidades, méritos y habilidades que poseen. También han de ir referidas a reconocer las posibles aportaciones en el mercado laboral y en el puesto de trabajo. Además, en la creación, desarrollo o despliegue de cualquier proyecto que tenga por objetivo la toma de conciencia, deben participar activamente las personas con discapacidad y las organizaciones que las representan.

Un ámbito en el que toma especial relevancia el principio de toma de conciencia es el educativo. Como ya sabemos, la educación desde las edades más tempranas en tolerancia y respeto por la diversidad resulta crucial para alcanzar la igualdad. Además, se deben promover programas de formación y toma de conciencia sobre los derechos de las personas con discapacidad en diferentes niveles y ámbitos. Así, por ejemplo, el Comité recomendó a los Estados parte que, en colaboración con las organizaciones de personas con discapacidad, *«elaborasen y aplicasen programas innovadores de concienciación y educación dirigidos a los medios de comunicación, los funcionarios públicos, los jueces y abogados, los agentes de policía, los trabajadores sociales y el público en general, a fin de crear conciencia y promover el modelo de derechos humanos de la discapacidad y de enfrentar los estereotipos negativos, prejuicios y términos peyorativos en relación con las personas con discapacidad».*

A la hora de promover campañas de sensibilización y toma de conciencia, es importante el papel que desempeñen los medios de comunicación. Dentro del propio Art. 8 de la Convención se les anima a que *difundan una imagen de las personas con discapacidad que sea compatible con el propósito de la Convención.* Es innegable el poder de los medios de comunicación para ayudar a construir una imagen social de la discapacidad que sea acorde al enfoque de derechos humanos.

Un ejemplo de aplicación del principio de toma de conciencia en España es la prohibición de los espectáculos que supongan una vejación a las personas con discapacidad. Se refiere principalmente a los espectáculos cómicos taurinos y las exhibiciones en despedidas de soltero en los que la atracción principal son las personas con enanismo o acondroplasia. Son espectáculos en los que se utiliza a una persona con discapacidad para la burla, asociando la condición de discapacidad con el humor bufo ofensivo. Con estas actividades se perpetúa una percepción de la discapacidad que menoscaba la dignidad del grupo. Sin embargo, todavía no se ha alcanzado ese mismo nivel de conciencia en el caso de otras discapacidades, específicamente la mental, al ser habitual la atribución errónea a estas personas rasgos asociados a la peligrosidad u otros que induzcan al miedo o la ridiculización.

## 2.5. Apoyos y tecnologías de asistencia

El apoyo forma parte de la experiencia humana. En nuestras sociedades, el apoyo y el cuidado son prácticas culturales que se encuentran muy arraigadas en la base de las relaciones sociales. Todos nosotros, a lo largo de nuestra vida, vamos a ser tanto prestadores como receptores de apoyo. Además, muchas veces se configura como un requisito para participar en la comunidad y vivir una vida digna.

Pese a ello, las necesidades de apoyo de las personas con discapacidad están, en su gran mayoría, desatendidas. Tradicionalmente, estos apoyos han recaído en el círculo familiar o en instituciones de caridad. A pesar de los constantes reclamos, desde el Estado no se prestan los suficientes servicios de apoyo y, aquellos que se garantizan desde el ámbito público, suelen configurarse como servicios residuales e infra financiados. Ante esta realidad, las personas con discapacidad se ven obligadas a depender del apoyo de sus redes familiares o personales, lo que acarrea consecuencias negativas tanto para el receptor de apoyo como para los familiares que lo prestan. Por un lado, la persona con discapacidad puede verse sometida a presiones o condicionada por sus familiares a la hora de tomar decisiones. Por otro lado, en el ámbito familiar, la prestación de los cuidados suele recaer de forma desmedida sobre las mujeres y, además, suponen destinar una cantidad de recursos significable. Esto lleva a que muchas familias opten por recurrir a la institucionalización de las personas con discapacidad.

Ante este escenario, son los Estados quienes deben proveer de apoyo a las personas con discapacidad que lo necesiten, para disminuir así el riesgo de discriminación y segregación. Y, para poder proveer de un apoyo adecuado, se necesita destinar recursos. En este sentido, desde la Oficina del Alto Comisionado de las Naciones Unidas para los Derechos Humanos[10] se defiende el modelo de ayudas económicas que van directamente dirigidas a las personas con discapacidad, ya que aumentan su capacidad de control y elección sobre el apoyo y cuidado que obtienen.

---

[10] Oficina del Alto Comisionado de las Naciones Unidas para los Derechos Humanos, Informe: Los sistemas de apoyo para garantizar la inclusión en la comunidad de las personas con discapacidad, entre otras cosas como medio para construir un futuro mejor tras la pandemia de enfermedad por coronavirus (COVID-19), 4 enero de 2023, A/HRC/52/52.

Debe señalarse que, de acuerdo con la Convención, se debe sustituir el enfoque tradicional de asistencia por un nuevo modelo de apoyo que sea conforme al enfoque basado en los derechos humanos. Históricamente, las respuestas a las necesidades de apoyo se configuraban bajo los términos de «asistencia» o «atención». Los modelos de atención o asistencialistas trataban a las personas con discapacidad como objetos pasivos receptores de cuidados en lugar de sujetos titulares de un derecho, plenamente capacitados para tomar decisiones sobre su propia vida. Estos modelos asistencialistas están plagados de notas paternalistas, de dependencia y estigmatización; frente al renovado concepto de apoyo que sitúa a la persona en el centro de la toma de decisiones.

El apoyo ha sido definido como *«el acto de prestar ayuda o asistencia a una persona que la requiere para realizar las actividades cotidianas y participar en la sociedad»*[11]. Así, el apoyo se configura como una condición indispensable para participar activa y significativamente en la comunidad, contribuir al bienestar general y; además, permite a las personas con discapacidad alcanzar su pleno potencial y conservar su dignidad e independencia. El apoyo debe comprenderse como un término amplio que engloba todo tipo de servicios e intensidades; y debe adecuarse a las preferencias y necesidades concretas de cada persona con discapacidad. En la Convención, este sistema de apoyo se configura como una obligación transversal para los Estados (artículo 4) y refleja el modelo de igualdad inclusiva. Así, el apoyo está recogido como un derecho, un «derecho a los cuidados», por lo que la no prestación de servicios de apoyo a las personas con discapacidad y sus familias supone una vulneración de derechos.

---

[11] Informe de la Relatora Especial sobre los derechos de las personas con discapacidad, 20 de diciembre de 2016, A/HRC/34/58. Oficina del Alto Comisionado de las Naciones Unidas para los Derechos Humanos, Informe: Los sistemas de apoyo para garantizar la inclusión en la comunidad de las personas con discapacidad, entre otras cosas como medio para construir un futuro mejor tras la pandemia de enfermedad por coronavirus (COVID-19), 4 enero de 2023, A/HRC/52/52.

Desde esta noción de apoyo, cobra relevancia la necesidad de que las personas con discapacidad lleven vidas autónomas e independientes. Una vida independiente que no debe asociarse a la idea de autosuficiencia, sino que debe configurarse como una interdependencia de experiencias humanas reconociendo el hecho de apoyarse en otros como un aspecto fundamental. Con las medidas de apoyo se debe garantizar que las personas con discapacidad ejerzan su facultad de elección y tengan control sobre su propia vida y opiniones. Que sean las propias personas con discapacidad quienes estén al mando de su vida, en lugar se quedar supeditadas a las decisiones de quienes atienden sus necesidades.

Garantizar que las personas con discapacidad tengan la capacidad de elección y control de los cuidados y apoyos que reciben es la premisa para la transformación de los sistemas de cuidados que se defiende. Estos nuevos sistemas de apoyos y cuidados deben reflejar los derechos tanto de los cuidadores como de los receptores de cuidados, y deben integrar la perspectiva de discapacidad y de género, para que así se reconozcan las múltiples necesidades que experimentan las personas según sus realidades específicas.

### 2.6. Interseccionalidad y otros factores de exclusión

Como ya se ha hecho en esta Guía, podemos afirmar que las mujeres y niñas con discapacidad sufren un grado de exclusión mayor en comparación con los hombres o niños con discapacidad. Hay ámbitos en los que esta desigualdad resulta patente, como por ejemplo en el acceso al empleo, en la percepción de ingresos económicos o en la menor posibilidad de llevar adelante una vida independiente. En el ámbito del ejercicio de los derechos sexuales y reproductivos de las mujeres con discapacidad, por ejemplo, hay mucho margen de mejora. La coacción al libre desfrute de la sexualidad, la práctica de esterilizaciones forzadas y la disuasión por parte de las y los profesionales de la salud, las familias, y por la sociedad en general, ante posibles embarazos de mujeres con discapacidad, son obstáculos a los que se enfrenta la libre decisión de estas mujeres y en particular en lo que concierne a su propio cuerpo.

Estas formas de violencia no son las únicas ya que hay que sumarles otras, por ejemplo: la ejercida en el seno de las familias o la violencia de las personas cuidadoras en instituciones. Por todo ello, resulta necesario tener en cuenta qué situaciones concretas puede enfrentar una mujer con discapacidad y para ello hay que conocer cómo se articulan los factores de exclusión, es decir, cómo se conectan los constructos sociales de la discapacidad y el género dando lugar a situaciones de discriminación específicas.

Con este objetivo, el movimiento de las mujeres con discapacidad viene empleando la teoría de la interseccionalidad. Se trata de una teoría formulada en la década de los ochenta del siglo XX por la profesora de derecho Kimberlé Crenshaw y hace alusión a que las distintas formas de discriminación que operan basadas en elementos diversos que conforman la identidad humana pueden entrar en conexión y dar como resultado otras formas de discriminación nuevas, diferentes, que solamente van a ser sufridas por los sujetos que se hallan inmersos en esa realidad concreta. Se trata de un enfoque que ha abierto la puerta a otras aproximaciones teóricas, y también prácticas, de gran calado.

Como ha señalado Theresia Degener, ex integrante del Comité sobre los Derechos de las Personas con Discapacidad de Naciones Unidas, las investigaciones realizadas hasta la fecha muestran que la mayoría de los casos de discriminación afectan a más de una de las dimensiones que conforman la identidad, lo que viene a confirmar que gran parte de las violaciones de los derechos humanos en este ámbito tienen un carácter interseccional.

Cuando Degener se pregunta en qué momento empieza aplicarse este enfoque interseccional en el debate internacional de los derechos humanos, encuentra la respuesta en la labor desarrollada por ciertos cuerpos de derechos humanos especializados en cuestiones de género, como por ejemplo la División para el Adelanto de la Mujer (DAW) de Naciones Unidas y el Comité de la CEDAW, que abordaron esta cuestión tanto en grupos de trabajo como a través de Comentarios Generales.

Pero el punto de inflexión decisivo se produjo con la *Conferencia Mundial contra el Racismo, la Discriminación Racial, la Xenofobia y las Formas Conexas de Intolerancia* celebrada en Durban (Sudáfrica) en el año 2001, cuya Declaración y programa de acción reconocieron que «el racismo, la discriminación racial, la xenofobia y las formas conexas de intolerancia se producen por motivos de raza, color, linaje u origen nacional o étnico y que las víctimas pueden sufrir formas múltiples o agravadas de discriminación por otros motivos conexos, como el sexo, el idioma, la religión, las opiniones políticas o de otra índole, el origen social, la situación económica, el nacimiento u otra condición».

En este caso, incluiríamos la discapacidad en el cajón de sastre que viene a ser la expresión «otra condición». Precisamente esa es la denuncia que las y los expertos internacionales en derechos humanos y las personas activistas de base realizan, apuntando con el dedo a todo aquel trabajo que sigue ignorando de manera sistemática la intersección que se produce entre el género y la discapacidad. Y esto tiene lugar aun cuando la propia Convención establece en su artículo 6.1 que «*los Estados Parte reconocen que las mujeres y niñas con discapacidad están sujetas a múltiples formas de discriminación y, a ese respecto, adoptarán medidas para asegurar que puedan disfrutar plenamente y en igualdad de condiciones de todos los derechos humanos y libertades fundamentales*».

Si bien es cierto que no se habla de interseccionalidad, el reconocimiento expreso de que existen múltiples formas de discriminación abre una vía privilegiada para trabajar desde este enfoque. Así las cosas, esta Convención puede convertirse en el instrumento clave para impulsar una aplicación e interpretación integral de los derechos humanos donde se tengan en cuenta, además, otros factores de exclusión como pueden ser la edad o la orientación sexual, entre otros.

## 3. BARRERAS

No podemos comprender la realidad de la discapacidad sin incidir sobre la función que las barreras sociales y físicas tienen en su desarrollo. Como hemos señalado con anterioridad, al pasar del modelo médico-rehabilitador al modelo social, se adopta una perspectiva social y estructural sobre la discapacidad. Así lo reconoce la propia Convención en su preámbulo, destacando que la discapacidad *«resulta de la interacción entre personas con deficiencias y las barreras debidas a la actitud y el entorno que evitan su participación plena y efectiva en la sociedad en igualdad de condiciones con los demás»*. Tanto el entorno externo como las actitudes sociales son factores esenciales en la aparición de la circunstancia de discapacidad en un individuo. Además, al reconocer la importancia del entorno, la «discapacidad» se reconoce como una construcción social y deja de ser un concepto rígido puesto que variará dependiendo del tipo de sociedad y entorno en el que se desarrolle la persona.

Así, se abandona la concepción de la discapacidad como un mero problema de salud que se trata de «curar» y se pone el foco en las barreras a las que se enfrentan las personas en su vida diaria. Reconocer las barreras externas como factores constitutivos de la discapacidad alejan el concepto de la idea de deficiencias o limitaciones funcionales individuales. Igualmente, al relacionar los problemas a los que se enfrentan las personas con discapacidad en función de las barreras existentes, dejamos de categorizar a los seres humanos y comenzamos a clasificar las barreras a las que se enfrentan.

De acuerdo con la Convención y el enfoque de derechos humanos, se considera al Estado como responsable de garantizar la eliminación de las barreras discriminatorias. Esta obligación aparece a lo largo de todo el texto, plasmada en obligaciones y principios como el de accesibilidad o el de toma de conciencia. Para alcanzar la igualdad inclusiva de las personas con discapacidad en la sociedad, además de reconocerles aquellos derechos que les son inherentes, se debe garantizar su respeto. Así, las personas con discapacidad únicamente podrán gozar plenamente de sus derechos fundamentales si se elimina las diferentes barreras discriminatorias a las que se enfrentan. Y, necesariamente, en este proceso de eliminación de barreras deben participar activamente las personas con discapacidad y las organizaciones que las representan.

A continuación, diferenciaremos entre barreras contextuales o ambientales y barreras actitudinales a fin de clasificarlas.

### 3.1. Contextuales o ambientales

El ambiente en el que vive y se desarrolla una persona tiene una enorme repercusión sobre y experiencia vital y el grado de la discapacidad. Son los factores ambientales los que ordenan y describen el mundo en el cuál viven y actúan personas con distintos modos de funcionamiento. Conforme al modelo social de la discapacidad, se reconoce que son los ambientes inaccesibles los que crean discapacidad al generar barreras que impiden la inclusión y la participación de determinadas personas en igualdad de condiciones con las demás. Aunque esta forma de ordenar la sociedad no tenga la intención de ser discriminatoria, es el propio sistema el que indirectamente excluye a las personas con discapacidad al no tener en cuenta sus necesidades.

A la hora de tratar las barreras contextuales o ambientales, debemos tener presente los principios de diseño universal y ajustes razonables. Es importante intervenir para eliminar las barreras del ambiente y construir una «cultura de accesibilidad». Es más fácil lograr la accesibilidad de forma gradual y, también, resulta más económico tener en cuenta el diseño universal desde las primeras etapas de desarrollo. Además, para ayudar a generar un clima de apoyo, resulta relevante recordar que los beneficios que reporta la accesibilidad alcanzan a muchas personas. Por ejemplo, los rebajes en las aceras (las rampas) también son útiles para los padres y madres que empujan carritos de bebés.

En los siguientes subapartados trataremos las barreras físicas que limitan la movilidad, las barreras comunicacionales que dificultan el acceso a la información, las barreras cognitivas que pueden suponer desafíos adicionales, las barreras psicosociales que impiden el ejercicio de los derechos y la igualdad de oportunidades y las barreras políticas que restringen la plena participación en la vida democrática.

### 3.1.1. Barreras físicas

La accesibilidad física, el acceso a espacios públicos, como edificios y calles, no solo es fundamental para la participación en la vida cívica, sino que también resulta esencial para acceder a servicios educativos, atención médica y oportunidades en el mercado laboral. Por el contrario, la ausencia de accesibilidad puede dejar a las personas con discapacidad excluidas o en una situación de dependencia de otros.

Pese a la creación de un amplio marco institucional y de políticas de accesibilidad física, su pleno cumplimiento aún no se ha logrado. Hay diversos factores que explican esta limitación en el cumplimiento: la falta de recursos financieros, la falta de participación de las personas con discapacidad en el diseño de las políticas o la falta de capacitación de los profesionales encargados de la planificación y diseño de los proyectos (de la ingeniería, del urbanismo o de la arquitectura).

Desde el Comité sobre los Derechos de las personas con Discapacidad[12] se han señalado algunas características básicas de accesibilidad en edificios. In-

---

[12] Comité sobre los Derechos de las personas con Discapacidad, Observación general N.° 2, 22 de mayo de 2014, CRPD/C/GC/2.

cluyen: rampas, cruces seguros en las calles o entradas accesibles. La mayoría de las normas de accesibilidad se concentran en las necesidades de las personas con deficiencias de movilidad, pero rara vez contemplan las necesidades de las personas con deficiencias sensoriales o condicionantes de salud mental. Es crucial otorgar la misma relevancia tanto a las alarmas visuales, el pavimento táctil, la señalización en Braille o los dispositivos interactivos (en cajeros automáticos o datáfonos), como a la creación de espacios lo suficientemente amplios como para que una persona en silla de ruedas pueda maniobrar con facilidad.

Para eliminar las barreras físicas se necesita la producción de normas mínimas obligatorias que liguen tanto a los servicios públicos como a las empresas privadas. En las edificaciones y obras de nueva construcción, incluir todos los requisitos de accesibilidad física es imperativo y eficaz, puesto que reducen los costes a largo plazo. En cuanto a los edificios y obras antiguas, hay que tener en cuenta las limitaciones técnicas o de conservación histórica, pero bajo la idea de «ajustes razonables» se deben poder introducir elementos que faciliten la accesibilidad dentro de la necesaria flexibilidad.

Además de las edificaciones y construcciones, otro ámbito en el que proliferan las barreras físicas es en el trasporte público. Las barreras clásicas en el transporte incluyen la falta de rampas para acceder a los vehículos, la existencia de espacios de separación entre la plataforma y el vehículo o estaciones y paradas inaccesibles. También son reseñables las barreras a las que se enfrentan, concretamente, las personas con deficiencias visuales o de edad avanzada ante la falta de información o de iluminación adecuada. A las barreras en el transporte se suman las barreras que hacen que las zonas peatonales resulten inaccesibles; como el comportamiento peligroso del tráfico local o las aceras en mal estado o atascadas de personas.

Las infraestructuras y los servicios de transporte público necesitan mejorar la accesibilidad. Lograr que el acceso a todos los vehículos de transporte público sea accesible conlleva una planificación acorde con el diseño universal. Mientras ello se consigue, se debe proporcionar una solución alternativa a través de «servicios de transporte especial» para las personas con discapacidad. Estos servicios son más costosos y pueden llevar a la segregación, pero sirven de «remedio» a la espera de la accesibilidad del sistema general.

En una realidad de recursos limitados, se debe abordar la eliminación de barreras físicas desde la aplicación progresiva de la obligación de accesibilidad, considerando las experiencias y conocimientos de las personas usuarias. Una obligación que nace desde las primeras fases, con las exigencias de cumplir con los requisitos y directrices de diseño universal.

### 3.1.2. Barreras comunicacionales

En el siglo XXI, las nuevas tecnologías han revolucionado la forma en que nos comunicamos y accedemos a la información. La posibilidad de acceder a la información general en línea permite a las personas con discapacidad sortear cualquier barrera física, de comunicación o de acceso a otras fuentes de información. Sin embargo, para las personas con discapacidad, este avance tecnológico no siempre ha significado un acceso equitativo. Las barreras comunicacionales en el entorno digital pueden limitar significativamente la participación plena en la sociedad actual, por lo que, cómo abordar estos obstáculos es fundamental para lograr una inclusión plena y una participación activa de las personas con discapacidad en la era digital.

Las innovaciones en nuevas tecnologías podrían beneficiar a las personas con discapacidad puesto que les ayudarían a sortear las barreras de movilidad, comunicación, cognitivas, etc. Pero para que puedan lograrse avances en materia de eliminación de barreras, se tienen que tomar en cuenta las exigencias de accesibilidad desde el diseño de los equipos y servicios; incluyendo la capacitación del personal de desarrollo. Por ejemplo, las comunidades en línea pueden ser especialmente empoderadoras para personas con discapacidades auditivas, visuales o trastorno del espectro autista, ya que les brindan la posibilidad de superar las limitaciones que surgen en las interacciones cara a cara. Pero para ello, las plataformas virtuales de comunicación deben tener en cuenta las necesidades y realidades de una persona con discapacidades auditivas (dando la posibilidad de generar subtítulos) o de una persona del espectro autista (utilizando sistemas alternativos de comunicación, como pictogramas).

Además de las nuevas barreras comunicacionales asociadas a las nuevas tecnologías, existen barreras más arraigadas en nuestra sociedad que siguen representando desafíos significativos para la comunicación efectiva de las personas. Estas barreras resultan igualmente gravosas puesto que pueden dificultar la interacción fluida y la comprensión mutua. Nos referimos, por ejemplo, a las barreras sensoriales a las que se enfrenta una persona con discapacidad visual al experimentar dificultades para acceder a una información puesto que esta no se encuentra disponible en formatos accesibles como el Braille o documentos de texto digital que pueden ser leídos por el programa o aplicación para lectura de pantalla.

Así, queda patente que las innovaciones tecnológicas pueden repercutir de modo muy positivo en la eliminación de las barreras comunicacionales. Pero, para ello, hay una serie de condicionantes. En este sentido, es importante que existan mecanismos legislativos que impongan obligaciones directas para que los productores y desarrolladores del ámbito de las nuevas tecnologías incorporen el diseño universal y funciones de accesibilidad en los productos y servicios que vendan. Igualmente, es crucial ofrecer formación y capacitación sobre conocimientos digitales a las personas con discapacidad, a efectos de que aprovechen estos dispositivos y las posibilidades que ofrecen. También es relevante el costo de las tecnologías, que deben ser económicamente accesibles para las personas con discapacidad y no suponer una limitación más por su condición socioeconómica.

### 3.1.3. Barreras cognitivas

Las barreras cognitivas están relacionadas con la comprensión del entorno. Dificultan la participación de personas con discapacidades invisibles para la mayoría de las personas. Son barreras que se relacionan con las discapacidades intelectuales, del desarrollo o psicosociales. Son barreras conectadas, fundamentalmente, con las discapacidades intelectuales, pero que pueden afectar también a algunas personas con problemas de salud mental (discapacidad psicosocial) si se encuentran, por ejemplo, bajo los efectos de determinados tratamientos. Sin embargo, su eliminación no solo beneficiaría a las personas con discapacidad, sino también sería beneficioso para la participación de otros grupos como las personas mayores o las personas que desconocen el idioma o que tienen un grado bajo de alfabetización.

Al igual que se han logrado notables avances en la eliminación de las barreras físicas y arquitectónicas, todavía no se han tratado con la misma intensidad la eliminación de barreras que, aunque son menos apreciables, resultan enormemente lesivas para muchas personas con discapacidad. La representación de la imagen de la rampa y la silla de ruedas en los espacios públicos ha alcanzado el objetivo de dar visibilidad al este sector, pero han quedado invisibilizados otros tipos de barreras presentes en la sociedad.

Durante la primera oleada de accesibilidad, se promovió la creación de entornos físicos más inclusivos mediante la instalación de rampas, salvaescaleras y ascensores. Las ciudades están experimentando una transformación gradual gracias a los denominados Planes de Accesibilidad, que buscan convertirlas en espacios más acogedores y accesibles. Además, en términos sensoriales, estamos observando un aumento en la presencia del código braille en diversos lugares, lo que facilita la accesibilidad para las personas con discapacidad visual.

En esta segunda oleada de accesibilidad en Europa, conocida como accesibilidad cognitiva, se está enfatizando en algo que ya hemos comenzado a experimentar de manera progresiva: simplificar el acceso a la comprensión de nuestro entorno. Para lograrlo, será esencial recurrir a representaciones pictográficas o imágenes. Incluso se contempla la posibilidad de adaptar los actuales medios de información en las ciudades y espacios públicos para hacerlos más comprensibles y accesibles para todos. También se está adoptando el sistema de lectura conocido como «lectura fácil», en el que se simplifican las oraciones y las formulaciones de las frases.

Los sistemas de accesibilidad cognitiva, necesariamente, van a tener que abordar la accesibilidad en todos los aspectos de nuestro entorno; desde Internet y las aplicaciones de los móviles hasta los libros, señales en la ciudad y medios de comunicación. Y, en este ámbito, es muy importante la participación de los futuros usuarios en el diseño.

### 3.1.4. Barreras psicosociales

Las barreras psicosociales están relacionadas con condicionantes actitudinales, administrativos y sistémicos o simbólicos que promueven el estigma y los prejuicios, conduciendo a la discriminación, la violencia, el abuso, la exclusión social y la segregación, los cuales constituyen obstáculos para el efectivo ejercicio de los derechos las personas con discapacidad y no favorecen el respeto a su autonomía, voluntad y preferencias.

Así, por ejemplo, los servicios sanitarios y sociales habrán de estar orientados a la acogida, promoviendo la creación de entornos inclusivos y evitando aspectos hostiles que puedan hacer que las personas puedan sentirse amenazadas y desconfiadas.

En el ámbito educativo se habrá de asegurar que se realicen ajustes razonables para facilitar a las personas con problemas de salud mental (discapacidad psicosocial) el acceso general a la educación superior, la formación profesional, la educación para adultos y el aprendizaje durante toda la vida sin discriminación y en igualdad de condiciones con las demás personas. Esto se ha de conectar con la promoción de la participación e inclusión plenas y efectivas en la sociedad.

En el ámbito laboral, se ha de garantizar que la entidad disponga de un plan de medidas para abordar los factores intralaborales de carácter psicosocial, contándose entre ellas el análisis ambiental y diseño de los espacios y la organización de profesionales y actividades orientados hacia la acogida y la inclusión; así como la promoción de factores protectores que garanticen la accesibilidad psicosocial (programas y políticas organizacionales para el establecimiento de sistemas de apoyo, horarios de trabajo flexibles, regulación de la intensidad del trabajo, los ritmos, las cargas y las exigencias o creación de un clima de seguridad psicosocial, entre otros). Además, se habrá de garantizar la disposición de un puesto totalmente adaptado para asegurar la accesibilidad psicosocial de la persona trabajadora con problemas de salud mental.

La garantía del derecho de acceso a la justicia requiere, entre otros aspectos, de la configuración de un amplio sistema de apoyos, específico, flexible y adecuado para cada persona, conformado por equipos multidisciplinares de profesionales con formación en salud mental. Entre las opciones de apoyo se contará con la metodología de apoyo de pares.

En este sentido, se habrá de tener presente en todo momento las condiciones psicosociales en el acceso a productos y servicios, puesto que no considerarlas se ha convertido en práctica habitual e, incluso, normalizada.

### 3.1.5. Barreras políticas

La participación política se configura como un derecho fundamental en cualquier sociedad democrática. Toda la población debe tener el derecho a participar en la toma de decisiones, expresar sus opiniones y contribuir a las políticas y decisiones del país. La participación democrática plena y efectiva implica reconocer a la ciudadanía el derecho y la posibilidad de votar y de ser elegidos representantes en las elecciones.

Las personas con discapacidad tienen garantizados estos derechos políticos básicos para participar en la vida política y pública en igualdad de condiciones con las demás. Esto se recoge en el artículo 29 de la Convención y, a pesar de su plasmación legal, las personas con discapacidad siguen estando infrarrepresentadas en los lugares en los que se toman las decisiones. En este mismo artículo se reconoce que, para que las personas con discapacidad puedan gozar de sus derechos políticos, se deben tomar medidas para eliminar las barreras políticas.

Una de las barreras políticas más importantes es la restricción del derecho al voto y del derecho a ser elegida (la persona) como candidata o aspirante. Se trata de una barrera legal, puesto que se deniegan los derechos políticos (de sufragio activo y pasivo) a determinadas personas con discapacidad, por su mera condición de discapacidad. Estas restricciones las sufren principalmente las personas con discapacidad intelectual o discapacidad psicosocial. Además, muchas veces, para poder acceder a los derechos políticos, las personas con discapacidad se ven sumergidas en procesos burocráticos y administrativos a fin de que se les reconozca su capacidad para participar en las elecciones democráticas.

Así, el primer escollo al que se enfrentan las personas con discapacidad es el reconocimiento legal de sus derechos políticos, sin discriminación alguna debido a la discapacidad concreta con la que convivan. Pero las barreras políticas también se configuran como la ausencia de accesibilidad en el proceso de voto. No solo en términos de infraestructura (cómo está diseñada la cabina o el acceso a los edificios en los que se celebran los comicios), sino también en términos de cómo está diseñado el propio voto o el formato en el que se ofrece información. Tanto la infraestructura como el propio proceso democrático deben ser accesibles en todos sus estadios. En este sentido, es importante la formación y capacitación de las personas que se encuentran en los colegios electorales para que puedan servir de apoyo a aquellas personas con discapacidad que lo necesiten; pero, sobre todo, para que no se conviertan en una barrera más que sortear.

Además, a las barreras legales y físicas se le une las barreras sociales. La discriminación hacia las personas con discapacidad persiste en los círculos políticos. Se debe recalcar que la participación política no consiste únicamente en que las personas con discapacidad puedan acceder a los lugares en los que se toman las decisiones; sino que implica que se asegure que su participación es activa y efectiva y que sus contribuciones son tomadas en cuenta.

Para ello, los representantes políticos deben entender las necesidades y defender los derechos de las personas con discapacidad. Pero las propias estructuras de los partidos políticos son la primera barrera al resultar inaccesibles y discriminatorias. Las personas con discapacidad deben encontrar espacio para expresar sus opiniones. Junto a ello, para poder ejercer el derecho a la libre expresión y opinión (artículo 21 de la Convención), es necesario que las personas con discapacidad tengan acceso a la información. Una información que debe ofrecerse en formatos accesibles y contar con tecnologías de apoyo para facilitar su entendimiento. Igualmente, para hacer accesible la comunicación y la información política para las personas con discapacidad debemos focalizar los esfuerzos en la educación. Es desde el ámbito educativo desde el primero en el que se ha de trabajar por eliminar las barreras políticas a las que se enfrentan las personas con discapacidad.

### 3.2. Actitudinales

A pesar de que en los textos legales la discapacidad se configura desde el modelo social y de enfoque de derechos humanos; en la sociedad sigue permeando el ideario capacitista. El capacitismo, como sistema de opresión y exclusión, está arraigado en las prácticas sociales e impregna todos los espacios. Las formas de exclusión que surgen pueden manifestarse de manera tanto explícita como implícita. Estas últimas están arraigadas en las dinámicas cotidianas de nuestra sociedad y sus instituciones, reflejándose en comportamientos, actitudes y hábitos que se basan en el estigma, rechazo y falta de comprensión hacia la discapacidad.

Las barreras actitudinales a las que se enfrentan las personas con discapacidad no son sino la materialización del discurso discriminatorio capacitista. A veces, el capacitismo se manifiesta de manera sutil a través de comportamientos, palabras y gestos que pueden no parecer directamente dañinos u ofensivos. Sin embargo, estos actos pueden ser despectivos, producidos desde el desconocimiento, o mostrar falta de comprensión hacia la experiencia de la discapacidad. En conversaciones diarias, a menudo, florecen prejuicios a través de bromas, memes o chistes sobre personas con discapacidad. También es común en nuestro país el uso de palabras como «loco peligroso», «subnormal», «mongolo» o «retrasado» como insultos, así como la calificación peyorativa de determinadas situaciones como «esquizofrénicas», o calificar a alguien o a algo de «autista», lo que demuestra una falta de conciencia y es una forma más de expresión capacitista. Estas expresiones refuerzan estereotipos negativos o imágenes mentales negativas sobre la discapacidad y, dado su arraigo cultural, a menudo no se corrigen y continúan sucediendo con frecuencia.

El alcance de las barreras actitudinales llega hasta la propia persona con discapacidad, incidiendo en su autoestima y autopercepción. Es lo que se conoce como capacitismo interiorizado. Implica experimentar y asumir sentimientos negativos desproporcionados sobre uno mismo como la vergüenza, el menosprecio, el odio o el sentimiento de carga. Todos ellos representaciones que la sociedad asocia a la experiencia de la discapacidad.

Los prejuicios, actitudes discriminatorias, estigma y estereotipos no dejan de ser barreras actitudinales. Pero también lo son las actitudes paternalistas o de sobreprotección. Aunque se hagan con la mejor de las intenciones, muchas interacciones con personas con discapacidad acaban constituyéndose como barreras actitudinales. Estas barreras que limitan y despojan a las personas con discapacidad de su dignidad nacen del desconocimiento o ignorancia acerca de las capacidades y aportaciones de este colectivo.

Cualquier cambio de conducta o de cultura de una sociedad pasa necesariamente por la educación. Aquí entran en valor principios como la toma de conciencia o la promoción de una sociedad inclusiva. Solo a través de estrategias de sensibilización o de un sistema educativo inclusivo se puede acabar con las barreras discriminatorias.

Eliminar las barreras actitudinales es tarea difícil, puesto que requiere que el resto de los individuos estén abiertos a lo diferente y a lo nuevo. Que conciban la experiencia humana como una experiencia marcada por la diversidad e inclusión. En este contexto, las actitudes individuales desempeñan un papel crucial en la formación de actitudes colectivas. Estas incluyen la atención, el respeto a las diferencias, la amabilidad, la solidaridad o la ayuda mutua. La accesibilidad actitudinal se logrará a través de acciones que fomenten la igualdad inclusiva. En una era caracterizada por el individualismo y el cultivo del egocentrismo, es esencial reconocer esto. Debemos desafiar el paradigma de la falsa inclusión que, en algunos casos, puede llevar a la exclusión.

Si bien es cierto que todas las barreras son perniciosas, las más perjudiciales son las barreras actitudinales. Mientras que la eliminación de las barreras físicas o comunicacionales se puede lograr, en cierta medida, a través de preceptos obligatorios, recursos e inversiones; la eliminación de las barreras actitudinales requiere de un cambio cultural que suprima las estructuras mentales capacitistas.

# 4. REQUISITOS ESTRUCTURALES PARA CREAR UN ENTORNO JURÍDICO, POLÍTICO Y PROGRAMÁTICO IDÓNEO PARA LOS DERECHOS DE LAS PERSONAS CON DISCAPACIDAD

## 4.1. Gobernanza

En el camino hacia la plena inclusión de las personas con discapacidad en la sociedad, es esencial establecer una base sólida que garantice y promueva sus derechos fundamentales. En este sentido, la gobernanza desempeña un papel central en la creación de un entorno idóneo para los derechos de las personas con discapacidad.

Cuando se trata de asegurar los derechos de las personas con discapacidad, una gobernanza efectiva es clave para garantizar que las políticas y programas se conciben y aplican de manera adecuada y se ajusten a sus necesidades específicas. Con la gobernanza, además de asegurar que las políticas públicas cumplan con los estándares legales, se garantiza la formación de un espacio participativo, diverso e igualitario. La gobernanza como requisito supone la participación de distintos sectores públicos y privados en la toma de decisiones desde las instituciones. En concreto, aquí viene referida a la participación de las personas con discapacidad y las organizaciones que las representan en aquellas decisiones gubernamentales o legislativas que les afectan, directa o indirectamente. En última instancia, son las personas con discapacidad las que poseen el conocimiento derivado de las experiencias vividas acerca de lo que requieren y cómo debe serles proporcionado.

Desde la Estrategia Española sobre la Discapacidad 2022-2030[13], se establece como eje transversal en la toma de decisiones sobre materias que afecten a los derechos de las personas con discapacidad la gobernanza y el diálogo civil. Así, se recoge que se ha de *«impulsar la colaboración entre las Administraciones Públicas y las entidades sociales de la discapacidad en la elaboración, ejecución, seguimiento y evaluación de las políticas, y en particular de las ayudas provenientes de fondos nacionales o europeos, que afectan a las personas con discapacidad»*. En este contexto, la gobernanza se basará en la coordinación entre las diferentes Administraciones Públicas en función del nivel competencial, la creación de un marco común para la acción y la participación de las personas con discapacidad y su movimiento asociativo a través del Consejo Nacional de Discapacidad y otros mecanismos de coordinación y participación.

La participación activa e informada de todas las personas en las decisiones que influyen en sus vidas y derechos responde al enfoque de derechos humanos en los procesos de toma de decisiones en el ámbito público. Asimismo, garantiza una gobernanza efectiva y promueve la responsabilidad social. La gobernanza, en este sentido, se concreta en el diálogo civil: un proceso formal de interlocución y colaboración entre el sector público y las organizaciones y redes del tercer sector social.

### 4.2. Participación

La participación plena y efectiva de las personas con discapacidad en la comunidad se configura como un requisito estructural en la creación de un entorno idóneo que promueva y proteja los derechos de las personas con discapacidad. La participación, en este contexto, no solo impulsa la inclusión y la equidad, sino que también consolida los cimientos de una gobernanza eficaz y una responsabilidad colectiva en la sociedad. Las personas con discapa-

---

[13] Disponible en: https://www.mdsocialesa2030.gob.es/derechos-sociales/discapacidad/docs/estrategia-espanola-discapacidad-2022-2030-def.pdf

cidad son titulares de derechos y tienen derecho a ser participantes activos en sus comunidades y en la sociedad en general.

El empoderamiento y la toma de decisiones se complementan de manera recíproca. Contar con voz y participar en las decisiones que afectan tanto la vida individual como a la comunidad, potencia la capacidad de acción y el empoderamiento. Simultáneamente, un entorno favorable que promueva el empoderamiento y la plena realización de los derechos contribuye a fortalecer aún más la participación y la toma de decisiones. La participación de las personas con discapacidad, incluyendo niños y niñas, en los asuntos que afecten a sus vidas es fundamental para el ejercicio de sus derechos y su propio empoderamiento. Un empoderamiento que resulta beneficioso para adquirir confianza en sí mismos, desarrollar sus competencias y conocimientos, así como ampliar sus aspiraciones.

La participación, como concepto transversal, representa tanto un derecho fundamental como un principio esencial para la plena realización de todos los derechos humanos de las personas con discapacidad. En este contexto, hay que tener presente el artículo 4.3 de la Convención que establece que, en la elaboración y aplicación de políticas sobre cuestiones relacionadas con las personas con discapacidad, *«los Estados Parte celebrarán consultas estrechas y colaborarán activamente con las personas con discapacidad, incluidos los niños y las niñas con discapacidad, a través de las organizaciones que las representan»*.

Las personas con discapacidad, incluyendo los niños y niñas con discapacidad, deben poder participar de manera significativas en todas las decisiones relativas a su vida y su desarrollo personal. Para poder participar activamente es requisito fundamental una formación y educación que les permita comprender la información que se les brinda.

En cuanto a la expresión de *«organizaciones que las representan»* el Comité sobre los Derechos de las Personas con Discapacidad ha señalado que se trata

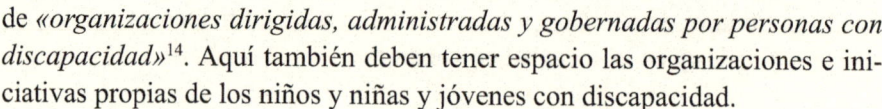 

de *«organizaciones dirigidas, administradas y gobernadas por personas con discapacidad»*[14]. Aquí también deben tener espacio las organizaciones e iniciativas propias de los niños y niñas y jóvenes con discapacidad.

### 4.3. Legislación

La evolución legislativa en materia de derechos para personas con discapacidad en España ha sido un proceso progresivo que refleja un compromiso creciente con la igualdad de oportunidades y la inclusión social. Desde la promulgación de la Constitución Española de 1978, se han dado pasos importantes en la creación de un marco legal que proteja y promueva los derechos de las personas con discapacidad. La Ley de Integración Social de los «Minusválidos» [*sic*] (LISMI) en 1982 fue un hito clave que sentó las bases para la igualdad de oportunidades y la participación activa de las personas con discapacidad en la sociedad.

Uno de los momentos más significativos fue la ratificación de la Convención Internacional sobre los Derechos de las Personas con Discapacidad de 2006, con entrada en vigor en 2008, que estableció un marco de derechos humanos específico para este grupo social, reconociéndolas como titulares de derechos en igualdad de condiciones. Esto impulsó cambios en la legislación española y fortaleció la necesidad de eliminar barreras y promover la inclusión en todos los ámbitos.

A lo largo de este proceso, se han promulgado diversas leyes que han contribuido a la transformación del panorama legal en relación con las personas con discapacidad en España, abordando cuestiones relacionadas con la seguridad social, el empleo, la autonomía y la respuesta a necesidades específicas, además de unificar normativas para garantizar la eficacia y equidad en la sociedad:

---

[14] Comité sobre los Derechos de las Personas con Discapacidad, Observación General N°7: sobre la participación de las personas con discapacidad, incluidos los niños y las niñas con discapacidad, a través de las organizaciones que las representan, en la aplicación y el seguimiento de la Convención, 9 de noviembre de 2018, CRPD/C/GC/7.

- Ley 15/1995, de 30 de mayo, sobre límites del dominio sobre inmuebles para eliminar barreras arquitectónicas a las personas con discapacidad.

- Ley 16/2003, de 28 de mayo, de Cohesión y Calidad del Sistema Nacional de Salud.

- Ley 41/2003, de 18 de noviembre de protección patrimonial de las personas con discapacidad.

- Ley 51/2003, de 2 de diciembre, de Igualdad de Oportunidades, No Discriminación y Accesibilidad Universal de las Personas con Discapacidad.

- Ley 39/2006, de 14 de diciembre, de Promoción de la Autonomía Personal y Atención a las Personas en Situación de Dependencia.

- Ley 49/2007, de 26 de diciembre, por la que se establece el régimen de infracciones y sanciones en materia de igualdad de oportunidades, no discriminación y accesibilidad universal de las personas con discapacidad.

- Ley 27/2007, de 23 de octubre, por la que se reconocen las lenguas de signos españolas y se regulan los medios de apoyo a la comunicación oral de las personas sordas, con discapacidad auditiva y sordociegas.

- Ley 26/2011, de 1 de agosto, de adaptación normativa a la Convención Internacional sobre los Derechos de las Personas con Discapacidad.

- Real Decreto Legislativo 1/2013, por el que se aprueba el Texto Refundido de la Ley General de derechos de las personas con discapacidad y de su inclusión social.

- Ley 8/2021, de 2 de junio, por la que se reforma la legislación civil y procesal para el apoyo a las personas con discapacidad en el ejercicio de su capacidad jurídica.

En resumen, la evolución legislativa en España ha sido esencial para garantizar los derechos de las personas con discapacidad. Sin embargo, es imperativo recordar que la labor de proteger y fortalecer estos derechos debe continuar. Organizaciones como CERMI desempeñan un papel crucial al asegurar que las leyes reflejen las necesidades de este grupo poblacional y promuevan una sociedad más inclusiva y equitativa.

### 4.4. Rendición de cuentas, seguimiento y evaluación

El derecho a la participación activa y efectiva de las personas con discapacidad es un pilar fundamental en la construcción de una sociedad inclusiva y democrática. La Convención establece disposiciones específicas para garantizar que las personas con discapacidad tengan la oportunidad de involucrarse plenamente en la vida política, pública, cultural y deportiva en igualdad de condiciones con los demás.

La Constitución Española también asegura la independencia y la imparcialidad de la justicia, permitiendo que la ciudadanía, incluida aquella con discapacidades, puedan confiar en un sistema judicial equitativo y accesible.

La participación institucional también desempeña un papel fundamental en nuestro enfoque. Estamos comprometidos a consolidar la participación activa del CERMI en los organismos encargados de diseñar, ejecutar y supervisar políticas relacionadas con personas con discapacidad.

En relación con la rendición de cuentas, seguimiento y evaluación, se ha sugerido desde el movimiento social de la discapacidad encabezado por el CERMI:

• Establecer sistemas de seguimiento y evaluación de la accesibilidad en todas las áreas, con participación de las personas con discapacidad.

• Establecer indicadores y métricas claras para evaluar el progreso en términos de accesibilidad y participación.

• Publicar informes periódicos que destaquen los avances y áreas de mejora, fomentando la transparencia y la rendición de cuentas.

Es esencial que esta participación sea continua y no se limite a momentos aislados, de modo que las voces y conocimientos de las personas con discapacidad sean un elemento esencial.

Asegurar la rendición de cuentas, evaluación y transparencia en las organizaciones sociales no lucrativas que trabajan en el ámbito de los derechos de las personas con discapacidad es fundamental para garantizar la eficacia y responsabilidad de sus acciones. Las organizaciones deben presentar informes regulares y detallados sobre sus actividades, proyectos y el uso de los recursos financieros. Estos informes deben ser accesibles y comprensibles para todas las partes interesadas, incluyendo a las personas con discapacidad a las que atienden y a sus familias.

Evaluar constantemente los programas y proyectos es crucial para determinar su impacto real en la vida de las personas con discapacidad. Esto implica no solo medir resultados cuantitativos, sino también comprender mejoras cualitativas en la calidad de vida, participación social y acceso a derechos fundamentales. La transparencia en la toma de decisiones y gestión de recursos es un principio fundamental. Las organizaciones sociales deben asegurar que las decisiones clave se tomen de manera abierta y que los recursos financieros se utilicen de manera responsable y eficiente. Además de la autoevaluación, contar con mecanismos externos e independientes de evaluación es importante. Estos pueden incluir auditorías externas y la participación de expertos en la revisión de informes y evaluación de proyectos.

El CERMI también destaca la importancia de la evaluación y seguimiento en un contexto más amplio que el determinado por el ámbito de acción social. A criterio de esta entidad, la discapacidad debe impregnar todas las áreas de la acción política, desde la justicia hasta la educación, las infraestructuras, la sanidad, el consumo y la tecnología.

La serie de principios que guían todas las medidas, propuestas y reflexiones en torno a la rendición de cuentas tiene una serie de pilares en los que se sustenta:

- Dignidad Humana: La respuesta de la sociedad a las necesidades de las personas con discapacidad afecta en gran medida su calidad de vida. El acceso a servicios, a la comunidad y a oportunidades de participación son vitales para una vida de calidad. Reconocer el valor igualitario de la vida de una persona con discapacidad en comparación con cualquier otra es esencial.
- Autodeterminación: Este principio se refiere a la libertad individual de tomar decisiones en cada momento. Es un derecho que permite la autonomía moral y la libertad personal en la toma de decisiones, contando con apoyos, cuando sea necesario.
- Diversidad: Respetar y aceptar a cada individuo como alguien diferente, pero con igualdad de derechos, es esencial. La diversidad enriquece los valores y el potencial humano, y es fundamental para el desarrollo social.
- Igualdad: Tratar a las personas de manera igualitaria en situaciones iguales y de manera diferente en situaciones diferentes es el núcleo del principio de igualdad de trato. La igualdad de oportunidades se busca a través de medidas que promuevan la igualdad y eliminen la discriminación directa e indirecta.
- Independencia: Las personas con discapacidad deben participar activamente en la comunidad tomando decisiones sobre sus vidas y no siendo consideradas como pacientes o beneficiarios pasivos. Se busca empoderar a estas personas para vivir con independencia y participar plenamente en la sociedad.
- Accesibilidad: Garantizar que las personas con discapacidad puedan disfrutar del entorno, bienes y servicios con autonomía implica eliminar obstáculos físicos, sensoriales, intelectuales y de comunicación. El diseño para todos y la accesibilidad universal son fundamentales.
- Participación: La participación activa de las personas con discapacidad en la sociedad es esencial para su calidad de vida. Incluir a estas personas en la toma de decisiones es necesario para abordar los desafíos actuales y futuros de manera efectiva.

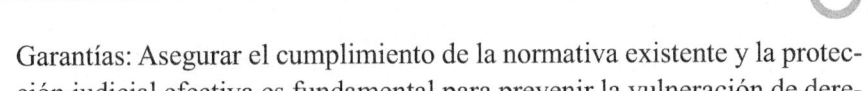

- Garantías: Asegurar el cumplimiento de la normativa existente y la protección judicial efectiva es fundamental para prevenir la vulneración de derechos y restaurarlos en caso de violación.
- Transversalidad: Integrar las necesidades de mujeres y hombres con discapacidad en todas las políticas y medidas generales es clave para lograr la igualdad. La perspectiva de género y discapacidad debe considerarse en todas las políticas, eliminando la invisibilidad y el ocultamiento.
- Corresponsabilidad: Tanto las administraciones como las organizaciones de hombres y mujeres con discapacidad comparten la responsabilidad de la gestión y administración de recursos para garantizar la igualdad. La transparencia en la toma de decisiones y la acción activa son cruciales.

Un aspecto importante es reconocer la importancia de las mujeres y niñas con discapacidad y que su participación es esencial para superar estereotipos y prejuicios arraigados y garantizar una sociedad inclusiva y equitativa.

En el enfoque hacia la situación de las mujeres con discapacidad, hay que tener en cuenta las dificultades que enfrentan debido a la discriminación y la violencia relacionada con el estigma de género y discapacidad. Para abordar estas cuestiones de manera efectiva, se plantea la importancia de aumentar la participación activa de las mujeres con discapacidad en la planificación, organización y evaluación.

La falta de representación de las mujeres con discapacidad en puestos de liderazgo, tanto en organizaciones como en la sociedad en su conjunto, se atribuye a una serie de factores, incluyendo aspectos personales, familiares y sociales, así como la histórica falta de participación de las mujeres en diversos ámbitos de la sociedad. Por lo tanto, es esencial empoderar a las mujeres con discapacidad y brindarles oportunidades para influir en la toma de decisiones en todos los niveles.

Para promover una representación equilibrada entre hombres y mujeres en diferentes ámbitos sociales, especialmente en la toma de decisiones y roles de liderazgo, se introduce la idea de una "democracia paritaria". Esta noción busca garantizar la participación equitativa de hombres y mujeres en todos los niveles de la sociedad. Para lograr este objetivo, se proponen estrategias como la capacitación en liderazgo, la promoción activa de la participación de las mujeres en la toma de decisiones y la sensibilización sobre la discriminación de género en contextos de discapacidad. En conjunto, estas acciones buscan fortalecer la presencia y el impacto de las mujeres con discapacidad en la sociedad.

### 4.5. Cooperación internacional

La Convención, en su Art. 32, destaca la necesidad imperativa de que los países trabajen en conjunto para mejorar la calidad de vida de las personas con discapacidad, concepto conocido como «cooperación internacional». Esta disposición reconoce que la aplicación exitosa de los principios de la Convención no puede lograrse en aislamiento. Por lo tanto, los países se comprometen a adoptar medidas efectivas que fomenten la colaboración entre naciones, organizaciones internacionales y grupos de personas con discapacidad.

Es crucial reconocer que los Estados ya no pueden considerarse como entidades aisladas y cerradas. La realidad contemporánea exige una visión más amplia y transnacional. Los contornos de un único Estado ya no son suficientes para comprender las complejidades y desafíos que enfrentamos. En un mundo globalizado, los problemas y oportunidades trascienden las fronteras nacionales, requiriendo una cooperación internacional efectiva. Desde amenazas y retos que afectan a la humanidad en su conjunto hasta las oportunidades creadas por avances.

La Agencia Española de Cooperación Internacional para el Desarrollo (AECID) desempeña un papel fundamental en este ámbito al respaldar y apoyar eventos y actividades que promueven la inclusión y la igualdad de oportunidades para las personas con discapacidad.

Mediante su apoyo financiero, la AECID muestra su compromiso con la promoción de los derechos humanos y la inclusión social. A través de jornadas en línea, reúnen a expertos y participantes de diversas regiones, como España,

América Latina y el Caribe, para compartir conocimientos y experiencias en la lucha contra la discriminación interseccional.

La cooperación internacional inclusiva y accesible se logra mediante un enfoque «dual» que abarca programas específicos y la integración de los derechos de las personas con discapacidad en la cooperación en general. Este enfoque puede ser sectorial (dirigido a personas con discapacidad) o transversal (incorporando sus necesidades en políticas y acciones en todos los ámbitos).

En la Agenda 2030 para el Desarrollo Sostenible, las personas con discapacidad y las personas en situación de vulnerabilidad son mencionadas en múltiples puntos. Se resalta su importancia en la erradicación de la pobreza, la salud, la educación, la igualdad de género y la promoción de la resiliencia ante desastres y eventos extremos relacionados con el clima.

Hay una lista de objetivos, metas e indicadores relacionados con el desarrollo sostenible y la inclusión de la discapacidad. Estos forman parte de la Agenda 2030 de las Naciones Unidas y sus Objetivos de Desarrollo Sostenible (ODS). Esta lista ofrece una guía para asegurar que la inclusión de personas con discapacidad se considere en la planificación y ejecución de proyectos y políticas de desarrollo.

Estos objetivos y metas abarcan una amplia gama de áreas, desde la educación inclusiva y equitativa hasta la igualdad de género, la promoción del empleo decente, la construcción de infraestructuras sostenibles y más. Los indicadores proporcionan una forma de medir el progreso hacia estos objetivos y evaluar cómo las políticas y programas están impactando en diferentes grupos, incluidas las personas con discapacidad.

La cooperación internacional entre entidades y la adopción de medidas concretas son esenciales para garantizar la igualdad de oportunidades y derechos para las personas con discapacidad, especialmente para las mujeres en esta población. Las políticas deben abordar de manera integral aspectos como la violencia de género, el acceso a la salud reproductiva y sexual, y la promoción de oportunidades laborales y educativas.

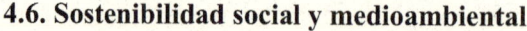

## 4.6. Sostenibilidad social y medioambiental

En el panorama actual, la noción de sostenibilidad ha evolucionado para abarcar no solo la preservación del entorno natural, sino también la sostenibilidad social, reconociendo la interconexión fundamental entre el bienestar humano y el medio ambiente. Sin embargo, en este enfoque hacia la sostenibilidad, es crucial considerar la diversidad de experiencias y situaciones de las personas, incluyendo aquellas con discapacidad, que pueden haber sido marginadas en la realización de sus derechos más básicos. Es importante entender que, para muchas personas, especialmente aquellas que no han tenido la oportunidad de ejercer plenamente sus derechos fundamentales, la conexión entre la protección del medio ambiente y el desarrollo sostenible puede parecer distante.

Por lo tanto, al abordar la sostenibilidad social y medioambiental, es imperativo reconocer la realidad de aquellos que no han experimentado plenamente los beneficios de los derechos humanos básicos. Para muchas personas con discapacidad, las preocupaciones relacionadas con el medio ambiente pueden parecer secundarias cuando todavía luchan por el acceso igualitario a la educación, la atención médica y la participación en la sociedad. Solo al garantizar que todas las personas tengan la oportunidad de ejercer sus derechos fundamentales, podemos construir una base sólida para que la sostenibilidad medioambiental sea una prioridad compartida y se aborde desde una perspectiva inclusiva y equitativa.

Es fundamental crear puentes entre la protección del medio ambiente y la promoción de los derechos humanos de todas las personas, especialmente aquellas que han sido históricamente excluidas. Reconocer y abordar las desigualdades y barreras en el acceso a los derechos de primera generación es un paso esencial hacia una visión integral de la sostenibilidad, en la que cada individuo tiene la capacidad de comprender, preocuparse y contribuir a la protección y preservación del entorno natural en beneficio de las generaciones presentes y futuras.

Las personas con discapacidad, y las organizaciones que las representan, tienen también mucho que aportar en relación con las soluciones que como sociedad debemos concebir para dar respuesta a retos globales como el cambio climático. La acción pública y privada en materia de mitigación y adaptación al cambio climático, de economía circular, etc., debe contar con la perspectiva de los grupos más vulnerables, entre ellos, el de las personas con discapacidad, tanto desde el punto de vista de los riesgos e impactos que se derivan, como desde el de las oportunidades que surgen (por ejemplo, en materia de empleo). Este es un nuevo campo de acción e incidencia para las organizaciones y entidades de la discapacidad de iniciativa social.

La importancia de la normativa comunitaria europea en el ámbito de la sostenibilidad social y ambiental es innegable. Esta normativa establece de manera explícita que las condiciones para la ejecución de contratos pueden abordar aspectos sociales y medioambientales, los cuales pueden estar directamente relacionados con cuestiones cruciales como la inclusión de personas con discapacidad y la preservación del entorno. Se enfatiza específicamente la posibilidad de priorizar la formación laboral en el lugar de trabajo, la contratación de personas con dificultades de inserción, la lucha contra el desempleo y la protección del medio ambiente.

Este enfoque de consideraciones sociales y ambientales en la contratación pública ha recibido respaldo en documentos clave, como el Libro Verde de la Comisión Europea sobre la contratación pública en la Unión Europea en 1996, así como en un Informe del Parlamento Europeo en 1997. Estos documentos recalcan que la inclusión de criterios medioambientales y sociales en las descripciones de productos o servicios solicitados no contradice los objetivos de la ley de contratación pública ni afecta a la competencia.

La jurisprudencia de los tribunales europeos ha reafirmado esta noción, permitiendo la utilización de criterios sociales y medioambientales en la adjudicación de contratos públicos. De esta manera, se reconoce la capacidad de las entidades adjudicadoras para considerar aspectos relacionados con la conservación del medio ambiente como parte de la evaluación de la oferta económicamente más ventajosa.

# 5. HACIA UNA GOBERNANZA QUE PROMUEVA LA INCLUSIÓN EFECTIVA DE LAS PERSONAS CON DISCAPACIDAD

## 5.1. Diseño institucional

Uno de los pilares en los que se sustenta la Convención es en la participación de las personas con discapacidad través de las organizaciones que los representan, garantizando la participación informada en procesos cuya incidencia repercute en sus vidas y derechos.

Actualmente siguen existiendo barreras actitudinales, físicas, jurídicas, sociales, económicas, psicosociales y de comunicación a su participación en la vida pública u organizaciones que los representen unido a la ausencia de consultas a las personas con discapacidad a través de dichas organizaciones tanto en la elaboración como aplicación de políticas y programas.

La participación de las personas con discapacidad en organizaciones que las representen debe cumplir con los principios de participación plena y efectiva, autonomía personal y libertad para tomar las propias decisiones, sin dejar de lado los establecidos en la Convención. Estas organizaciones deben ser dirigidas y administradas, al menos en su mayoría, por personas con discapacidad, y deben cumplir con algunas características:

1) Representar colectivamente a las personas con discapacidad, pudiendo agruparse las organizaciones según diferencias reales o percibidas, o admitiendo a todas las personas con discapacidad. Pueden incluir grupos basados en identidades transversales, como niños y niñas y mujeres.

2) Ser independientes de organizaciones públicas o gubernamentales.

3) Tener un alcance territorial delimitado, ya sea regional, nacional o internacional.

4) Las organizaciones de discapacidad pueden funcionar como coaliciones u organizaciones coordinadas en la relación con otras organizaciones u autoridades. Pueden identificarse como organizaciones coordinadoras de personas con discapacidad (coaliciones), organizaciones que representan a personas con distintos tipos de discapacidad, organizaciones de autogestores que representan a personas con discapacidad en distintas redes y plataformas, organizaciones de familiares o parientes de personas con discapacidad, organizaciones de mujeres y niñas con discapacidad, así como organizaciones e iniciativas de niños y niñas y jóvenes con discapacidad.

Los *Principios de París*[15] establecen que las Instituciones Nacionales de Derechos Humanos pueden realizar ciertas funciones, que pueden incluir:

• Supervisar el cumplimiento por parte del Estado de los Derechos Humanos.

• Informar y formular recomendaciones al Gobierno.

• Fomentar la armonización de la legislación y prácticas nacionales, siguiendo las normas institucionales.

---

[15] Asamblea General de las Naciones Unidas, Principios relativos al estatuto de las Instituciones Nacionales (Principios de París), 20 de diciembre de 1993.

- Fomentar la ratificación de los tratados relativos a los Derechos Humanos.

- Contribuir con los informes de los Estados ante los órganos de la ONU creados por tratados.

- Colaborar con órganos regionales, de las Naciones Unidas o estatales de Derechos Humanos.

- Contribuir a la elaboración de programas educativos de Derechos Humanos.

- Concienciar sobre el respeto de los Derechos Humanos y la no discriminación.

- Supervisar las prácticas de la legislación y las prácticas nacionales.

Es recomendable que cada organización elabore un código ético, código de buen gobierno y reglamento de funcionamiento, así como un manual de procedimiento electoral, con el objetivo de:

- Ganar la confianza y legitimidad social a través de un modelo de gobernanza común.

- Promover un liderazgo participativo, democrático y transparente en un tiempo marcado por el cambio en lo social y en lo generacional.

- Comprender la reputación como un capital compartido entre entidades y la relación de corresponsabilidad en la gestión de cada entidad y su aportación o reducción del valor social común en función de ese balance positivo o negativo.

Los códigos éticos tienen como objetivo sustentar la organización en valores. Su función es transmitir la cultura de la exigencia cívica, la actuación transparente y la excelencia en la gestión, además de servir como guía para las acciones de la organización. Este código ético debe ser objeto de análisis y evaluación continua en el tiempo, y para esto se requerirá un órgano encargado del desarrollo, interpretación, comunicación, aplicación, seguimiento y evaluación de este.

En el ámbito del diseño institucional de las organizaciones que trabajan en el ámbito de la discapacidad, los valores éticos que se pueden contemplar incluyen:

1. Unidad: Actuar bajo el principio de unidad y cohesión de la discapacidad organizada, facilitando la representatividad de las personas con discapacidad y sus familias en una única entidad.

2. Persona con discapacidad y su familia como motor central de la acción y como instancias superiores de decisión y gobierno, por encima siempre del nivel gerencial o gestor, que está a su servicio.

3. Independencia y autonomía tanto de los poderes públicos como de otras influencias externas.

4. Participación de acuerdo con las normas reguladoras.

5. Igualdad entre hombres y mujeres.

6. Compromiso de la entidad en busca de un cambio social acorde a sus objetivos.

7. Transparencia en la gestión.

8. Calidad centrada en la eficiencia y eficacia de la gestión.

9. Respuesta a las expectativas legítimas de todos sus públicos y asunción de consecuencias de sus decisiones.

10. Sostenibilidad y contribución a los ODS de la Agenda 2030.

Los estatutos de la organización deben incluir el objeto de la entidad, su duración, sus órganos, el régimen económico y financiero, el proceso electoral y la disolución. Los órganos de la entidad pueden estar constituidos por la Presidencia, Vicepresidencias, Secretaría General, Asamblea de Representantes, Comité Ejecutivo y Comisión Permanente.

El equipo humano debe buscar el equilibrio en género, con un 50 % de mujeres y un 50 % de hombres, y al menos, como tendencia, un 60 % de la plantilla debe ser personas con al menos un tipo de discapacidad, lo que promueve la empleabilidad de personas mayores de 50 años.

Se recomienda la implantación de Planes de Igualdad siguiendo las directrices de la normativa, con un enfoque integral, participativo, transversal, dinámico, flexible, adaptable y temporal.

En materia de comunicación, se debe utilizar un lenguaje no sexista en todas las publicaciones y comunicaciones de la organización.

En la política de calidad de la organización se podrán contemplar principios como los que siguen:

1. Velar por el cumplimiento de la misión organizativa.
2. Asignar los recursos suficientes y necesarios a para garantizar la calidad de su labor.
3. Garantizar la formación de sus profesionales para asegurar la calidad de su actividad.
4. Disponer de vías de comunicación interna y externa que comporten una imagen realista, visibilizando su objetivo social.
5. Contar con un sistema de gestión documental, actualizado y controlado.
6. Llevar a cabo un modelo de trabajo basado en la mejora continua a través de la planificación, la ejecución, la evaluación, la revisión y la mejora de todos sus procesos.

## 5.2. Evaluación

Una evaluación es un proceso completo de observación, medición, análisis e interpretación, con el objetivo de conocer una intervención —como norma, programa, plan o política— y emitir un juicio basado en evidencias acerca de su diseño, implementación, resultados e impactos.

Es necesario llevar a cabo un ciclo de seguimiento de la actividad o funcionamiento, que incluye la presentación de documentos e informes, así como medidas correctivas y de seguimiento.

Las tres principales funciones de la evaluación son proporcionar retroalimentación para mejorar las intervenciones, controlar responsabilidades y rendición de cuentas, e informar sobre acciones futuras.

Es importante distinguir entre el sistema de seguimiento y evaluación. Un buen sistema de seguimiento conoce y analiza indicadores predefinidos.

Los motivos para realizar evaluaciones son ayudar en la toma de decisiones, contribuir al aprendizaje de la organización, usar la evaluación como herramienta de gestión, rendir cuentas a interesados, generar conocimiento y cumplir requisitos formales, basándose en la teoría del cambio social deseado.

La herramienta clave para los evaluadores es la matriz de evaluación, compuesta por criterios, preguntas de evaluación e indicadores. Esto aporta estructura y coherencia a la evaluación.

## 5.3. Alianzas

Las organizaciones comparten y aprenden con sus experiencias forjando alianzas entre ellas para alcanzar objetivos comunes como es la garantía e inclusión de las personas con discapacidad y el resto de los derechos humanos. Las organizaciones son diversas y variadas en sus características, desempeñan un papel fundamental en la promoción de una cultura que valora la tolerancia y la diversidad convirtiéndose en los pilares fundamentales para establecer una base sólida en la que se fundamentan las leyes y políticas destinadas a combatir la discriminación.

A la hora de poder recibir las demandas de las personas con discapacidad a través de sus organizaciones, es importante que las entidades tengan alianzas con otras entidades similares y orientaciones sobre la colaboración a nivel regional o nacional.

Esto en parte motiva la obligación a la que está sometida el Estado español de hacer consultas estrechas e integrar a las personas con discapacidad, estas deberán dirigirse especialmente a las entidades que representen a la amplia diversidad de personas. El Estado ha de velar con preferencia por la creación de una coalición representativa, única, unida y diversa de organizaciones de personas con discapacidad, asegurando su integración y participación en el seguimiento de la convección a nivel nacional.

Debido a las dificultades en la aplicación del derecho de las personas con discapacidad a la hora de ser consultadas e integradas en el desarrollo de políticas y normas para la aplicación de la Convención, se defiende entre otras medidas, la creación de organizaciones coordinadoras de personas con discapacidad para representar las actividades de los miembros y organizaciones individuales que representen a los distintos tipos de discapacidad, asegurando la inclusión y participación.

De ahí la importancia de establecer colaboraciones y alianzas para promover las inclusiones entre proveedores de servicios, grupos que defienden los derechos de las personas con discapacidad, medios de comunicación, organizaciones de la sociedad civil, autoridades locales, asociaciones estudiantiles, universidades y escuelas superiores de educación.

Se hace un énfasis en la necesidad de la colaboración entre organizaciones de discapacidad para visibilizar las distintas realidades, focalizando y poniendo atención en las de grupos más marginalizados como el de niñas con discapacidad y/o personas LGTBI con discapacidad.

Aunque la mayoría de nuestras referencias pueden parecer que van enfocadas a organizaciones sin ánimo de lucro, no es correcto afirmarlo así, pues lo recomendable también en el sector privado sin ánimo de lucro es la necesidad establecer alianzas con el sector de las empresas, los agentes sociales, los sindicatos, los medios de comunicación y el tejido productivo en general.

La cooperación entre organizaciones de personas de discapacidad permite recopilar y organizar la información sobre ellas de manera más eficiente.

Al sistematizar la recopilación de datos y agregar esta variable en los registros, podremos obtener datos más precisos y completos sobre las personas con discapacidad. Con esta información mejorada, será más fácil tomar decisiones y desarrollar programas que satisfagan las necesidades específicas de este grupo de la población.

Es evidente que la participación activa y colaborativa de diversas asociaciones juega un papel fundamental en la definición y ejecución de las políticas públicas relacionadas con la discapacidad. En los últimos años, se ha reconocido ampliamente la importancia crucial de las organizaciones sociales en el proceso de guiar, definir y dar forma a estas políticas.

### 5.4. Presupuesto

De acuerdo con el art. 33 de la Convención, el Estado tiene la obligación de establecer la concesión financiera o de otra índole a las organizaciones de personas con discapacidad (o familias) que representen todo tipo de discapacidades, así como prestar apoyo a estas organizaciones. Es fundamental que estas entidades cuenten con apoyo para una financiación independiente y autogestionada.

El Comité sobre los Derechos de las Personas con Discapacidad recomienda a los Estados parte adoptar criterios para financiar las actividades de consulta, tomando en cuenta diferentes aspectos, como proporcionar fondos directamente a organizaciones de personas con discapacidad, priorizar los recursos para organizaciones que defiendan los derechos de estas personas, asignar fondos específicos a organizaciones de mujeres y niños y niñas con discapacidad, distribuir fondos equitativamente entre distintas organizaciones y garantizar la autonomía de estas en la definición de su programa de promoción, independientemente de la financiación recibida.

En este sentido, es de gran importancia promover la transparencia y participación en la elaboración de presupuestos, involucrando activamente a niños y niñas con discapacidad. También es esencial establecer líneas presupuestarias específicas para proteger a este grupo vulnerable en situaciones de emergencia, desastres naturales o recesión económica, asegurando que sus necesidades no sean ignoradas ni desatendidas.

Es esencial asignar cantidades suficientes de recursos para avanzar progresivamente hacia la plena realización de los derechos económicos, sociales y culturales, siendo la descentralización de presupuestos fundamental para la autodeterminación moral y evitar la pasividad y dependencia aprendida.

Las Instituciones Nacionales de Derechos Humanos reciben principalmente financiamiento del Estado y es crucial que mantengan su independencia y adopten un enfoque pluralista.

Para influir en el presupuesto desde una perspectiva de derechos humanos, es esencial alinear los programas incluidos en él con las responsabilidades que el Estado tiene en materia de derechos humanos. El objetivo es que el proceso presupuestario tenga en cuenta los derechos humanos, lo que se conoce como presupuestación basada en derechos. Para lograrlo, debe ser participativo, transparente, objetivo y rendir cuentas. Esto implica la inclusión de los interesados en los procesos presupuestarios, el acceso a información sobre el contenido y proceso del presupuesto, la objetividad en la asignación de recursos y la rendición de cuentas tanto antes como después de la ejecución presupuestaria. Es fundamental que todo el ciclo del presupuesto, desde su fase inicial hasta la fase final, se ajuste a estos criterios, dado que el proceso presupuestario se relaciona con los procesos más amplios de elaboración de políticas, desarrollo y gobernanza.

El uso de indicadores adecuados para los derechos humanos fortalece cada fase del ciclo de desarrollo y presupuesto, promoviendo la participación de los interesados, la transparencia, la objetividad y la rendición de cuentas. En este sentido, la participación activa de la sociedad civil es esencial.

El proceso de elaboración de presupuestos con perspectiva de derechos humanos consta de varias etapas:

I.   Análisis de la situación utilizando indicadores para los derechos humanos.
II.  Determinación de cuestiones y carencias en derechos humanos.
III. Cálculo de costos de los derechos, articulación de la estrategia y establecimiento de metas.
IV.  Formulación de presupuestos, consultas, movilización de recursos y asignación.
V.   Evaluación, valoraciones del impacto e información sobre los resultados.
VI.  Ejecución de programas y vigilancia de los progresos.

La principal preocupación es mantener la continuidad de programas y el empleo de profesionales, así como el objetivo de mantener y aumentar los recursos a través de los conciertos en el caso de las entidades que los tengan. Para lograr una estabilidad financiera, es importante que la Administración respalde a las entidades ante las entidades bancarias para facilitar el acceso al crédito y garantice la coherencia entre los proyectos y las subvenciones.

La autonomía financiera del Tercer Sector busca diversificar las fuentes de financiación. Aunque la fuente principal proviene de la Administración Pública a través de subvenciones, conciertos y convenios, las organizaciones medianas generan más ingresos por cuotas y ventas, lo que les proporciona una mayor independencia.

En relación con las necesidades sociales y la financiación de las entidades de discapacidad, es importante diversificar las fuentes de financiamiento y avanzar hacia un estatuto de colaboración permanente entre las Administraciones Públicas y el sector de la discapacidad. Las propuestas de financiación se han basado en una visión amplia que pone la satisfacción de las necesidades sociales como objetivo principal y considera el marco institucional, tanto público como privado, como el contexto en el que estas necesidades deben ser atendidas.

Además, se enfrenta la limitada capacidad de autofinanciación del sector y la apertura a nuevas fuentes de recursos. Aunque la dependencia de la financiación estatal continuará en el futuro, ya que no es algo que se pueda cambiar de manera abrupta, especialmente si las entidades colaboran en la prestación de servicios, se puede plantear una estrategia a medio y largo plazo, en la que confluyan la diversificación de fuentes de financiamiento y una mayor colaboración dentro del propio sector en la gestión de servicios y proyectos comunes.

En cuanto a la inversión, los recursos deben gestionarse cuidadosamente y cumplir criterios éticos y legales, manteniendo la compatibilidad con el presupuesto y el flujo de efectivo. Un presupuesto detallado de ingresos y gastos es esencial, al igual que seguir criterios prudentes en las inversiones. Para mitigar riesgos, la transparencia y el buen gobierno exigen normativas de inversión aprobadas por la junta directiva, así como procesos claros para autorizar gastos y seleccionar proveedores.

## 5.5. Indicadores específicos de discapacidad

Los indicadores nos brindan información sobre diferentes dimensiones relacionadas con los derechos humanos, examinando cómo se aplican las normas, mide el progreso, la transparencia responsabilidad, y seguimiento de las recomendaciones. Aunque pueden ser utilizados por la sociedad civil, su principal objetivo es medir los compromisos, esfuerzos y resultados de los Estados al aplicar la Convención.

La metodología del Alto Comisionado de Naciones Unidas de Derechos Humanos se basa en estándares internacionales, reconociendo la independencia e indivisibilidad de los derechos civiles, culturales, económicos y políticos. La metodología cuenta con dos fases, la primera identificar el atributo del Derecho Humano y la segunda desarrollar indicadores de proceso, de estructura y de resultados.

Los indicadores pueden dividirse en tres tipos: estructurales, de proceso y de resultado. Los estructurales miden el compromiso con los derechos humanos, mientras que los de proceso evalúan los esfuerzos para llevar a cabo políticas y medidas gubernamentales en línea con esos compromisos. Por otro lado, los indicadores de resultado miden los esfuerzos para promover los derechos humanos y garantizar que las personas realmente los disfruten y gocen.

Para evaluar adecuadamente los indicadores, es necesario hacer un seguimiento continuo en el tiempo y utilizar herramientas de monitoreo. Algunas veces, será necesario complementar los indicadores con otras herramientas, ya que pueden revelar que los mecanismos actuales no son accesibles o confiables.

Algunos de los indicadores de los ODS han sido integrados en los indicadores de derechos humanos, lo que ayuda a vincular los esfuerzos en ambos ámbitos y a seguir de cerca los avances en el desarrollo sostenible y la protección de los derechos fundamentales.

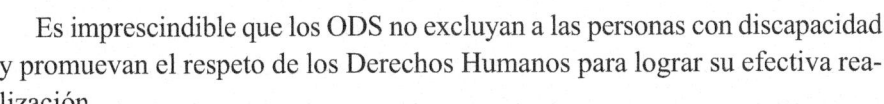

Es imprescindible que los ODS no excluyan a las personas con discapacidad y promuevan el respeto de los Derechos Humanos para lograr su efectiva realización.

Para obtener los datos necesarios para estos indicadores, podemos utilizar la *Guía para la medición de los indicadores de Derechos Humanos*[16], ya que esta proporciona ejemplos de fuentes de datos. Esta guía nos ayuda a relacionar los ODS, sus metas e indicadores con los artículos de la convención.

Es de vital importancia recopilar y analizar datos específicos «por discapacidad» para identificar patrones de exclusión y discriminación que afecten a las personas con discapacidad en comparación con otros grupos. Esto nos permitirá comprender mejor las desigualdades existentes y tomar medidas para promover la inclusión y la igualdad de oportunidades para todas las personas, sin importar su condición.

En muchos indicadores de la Convención, es necesario desglosar por edad y género, y en algunos casos también se puede incluir la ubicación geográfica, aunque en otros casos esta última opción es opcional. La elección de los aspectos a desglosar se realiza durante el proceso de contextualización geográfica.

Según el artículo 31 de la Convención, en relación con la recopilación de datos estadísticos e investigaciones, se sugiere el empleo de un cuestionario creado por el Grupo de Washington (*Washington Group Short Set of Questions on Disability*). Este cuestionario ha sido diseñado específicamente para ser incluido en los censos nacionales y las encuestas de hogares, facilitando así la obtención de información relevante sobre personas con discapacidad de manera eficiente y precisa. El Comité recomienda su utilización con el fin de mejorar la calidad de los datos relacionados con la discapacidad en estos importantes procesos de recolección de información a nivel nacional.

---

[16] Disponible en: https://www.ohchr.org/Documents/Publications/Human_rights_indicators_sp.pdf

La Oficina del Alto Comisionado de las Naciones Unidas propone un enfoque basado en los derechos humanos garantizando la calidad, pertinencia y utilización de datos, centrándose en unos principios para guiar la recopilación y el desglose (participación, desglose de los datos, autoidentificación, transparencia, privacidad y rendición de cuentas):

- Los indicadores estructurales han de incluir a las personas con discapacidad (y sus organizaciones) cuya finalidad es que las estrategias, políticas o planes sean accesibles. Deben contener como mínimo: Líneas claras de responsabilidad, objetivos cuantificables y un cronograma de aplicación.

- Mecanismos de cooperación interministerial.

- Presupuesto asignado.

- Mecanismo de supervisión y cumplimiento, incluidos recursos eficaces en caso de incumplimiento.

- Criterios que requieran accesibilidad física e informativa.

Los Estados deben involucrar activamente a personas con discapacidad, incluyendo niños y niñas, a través de sus organizaciones representantivas. Esta obligación se plasma en todos los indicadores, y en particular en los indicadores estructurales y de proceso. A la hora de aplicar los indicadores en un Estado, hay que considerar la distribución de competencias entre los distintos sectores y ramas del gobierno, que han de aplicar la Convención en el marco de su ordenamiento jurídico.

### 5.6. Gobernanza orientada al dato

Tal como ha indicado la Oficina del Alto Comisionado de las Naciones Unidas para los Derechos Humanos, existe una estrecha relación entre el sistema de estadísticas, los derechos humanos y la gestión política.

El artículo 31 de la Convención insta a la investigación y a la recopilación de información, datos y estadísticas. Esto porque la información cualitativa y cuantitativa es clave para la evaluación, formulación, y aplicación de acciones encaminadas a dar cumplimiento a la Convención y eliminar barreras en el ejercicio de los derechos.

La importancia de que existan registros estadísticos que brinden información acerca de las personas con discapacidad es crucial. Contar con información empírica fortalece los procesos de formulación de políticas.

La Oficina del Alto Comisionado de las Naciones Unidas para los Derechos Humanos, ha indicado que para la recopilación de datos exhaustiva y sostenible, el Estado debiera: «a) incluir en sus censos y en todas las encuestas de hogares preguntas que identifiquen a las personas con discapacidad; b) procurar que esas preguntas incorporen un enfoque funcional, como el adoptado en el conjunto abreviado de preguntas del Grupo de Washington sobre funcionamiento; c) Desagregar por discapacidad todos los indicadores a nivel individual y familiar que ya se están comunicando; d) realizar encuestas periódicas sobre la discapacidad para recopilar información más detallada, incluida información cualitativa, sobre las personas con discapacidad y el entorno; y e) sistematizar sus procesos de recopilación de datos administrativos para reunir datos sobre la discapacidad y detectar las lagunas en la aplicación de las políticas que impiden el disfrute de los derechos humanos consagrados en la Convención y en el derecho internacional de los derechos humanos».[17]

Por ello, CERMI ha resaltado la importancia de contar con datos oficiales, y que además la discapacidad se incorpore de forma regular en los datos estadísticos. Esto permite alcanzar políticas públicas acertadas y sustantivas.

El desafío está en avanzar, entre otros temas, sobre la situación de mujeres y niñas con discapacidad, la accesibilidad, la participación, personas mayores con discapacidad, niños y niñas con discapacidad.

---

[17] Alto Comisionado de las Naciones Unidas para los Derechos Humanos, Informe: Informe anual del Alto Comisionado de las Naciones Unidas para los Derechos Humanos e informes de la Oficina del Alto Comisionado y del Secretario General, 28 de diciembre de 2021, A/HRC/49/60.

# 6. APOYOS Y CARTERA DE SERVICIOS EN MODO CONVENCIÓN ONU

## 6.1. Catálogo de apoyos y cartera de servicios de la entidad social en Modo Convención

En España, existe una variedad de asociaciones y entidades de personas con discapacidad y de sus familias. La diversidad de estas entidades, todas de incidencia política, pero también con una dimensión gestora, se manifiesta en esta segunda nota en que ofrecen una cartera de servicios de apoyo, acompañamiento y asistencia diferencia y especializada.

## 6.2. Análisis de la dimensión prestacional de la entidad social desde el enfoque de derechos humanos de la Convención

### 6.2.1. Ajustada al principio de no discriminación

El derecho a la educación es un derecho humano, está reconocido en diversos instrumentos internacionales, tales como el Art. 26 de la Declaración Universal de Derechos Humanos, el Art.13 del Pacto Internacional de Derechos Económicos, Sociales y Culturales, el Art. 28 y Art. 29 de la Convención de los Derechos del Niño y el Art.24 de la Convención.

Sin embargo, muchos niños y niñas con discapacidad ven dificultades en el acceso a la educación y sufren discriminaciones en el ejercicio de su derecho.

El avance de las herramientas, canales, soportes y entornos digitales en la enseñanza ha generado varios desafíos en su despliegue y utilización, tanto para docentes, como para las escuelas.

### 6.2.2. Ajustada al principio de no segregación

La participación plena y efectiva de las personas con discapacidad es principio general de la Convención, y debe ser un eje rector para las sociedades.

### 6.2.3. Ajustada al mandato de accesibilidad universal

La Ley General de derechos de las personas con discapacidad y de su inclusión social, en su Art. 2 letra k), define la accesibilidad, explicando que la «Accesibilidad universal: es la condición que deben cumplir los entornos, procesos, bienes, productos y servicios, así como los objetos, instrumentos, herramientas y dispositivos para ser comprensibles, utilizables y practicables por todas las personas en condiciones de seguridad y comodidad y de la forma más autónoma y natural posible. En la accesibilidad universal está incluida la accesibilidad cognitiva para permitir la fácil comprensión, la comunicación e interacción a todas las personas. La accesibilidad cognitiva se despliega y hace efectiva a través de la lectura fácil, sistemas alternativos y aumentativos de comunicación, pictogramas y otros medios humanos y tecnológicos disponibles para tal fin. Presupone la estrategia de «diseño universal o diseño para todas las personas», y se entiende sin perjuicio de los ajustes razonables que deban adoptarse.»

### 6.2.4. Ajustada al mandato de la participación

El Art. 29 de la Convención promueve la participación plena y efectiva de las personas con discapacidad en asuntos públicos, fomentando se constituyan organizaciones de personas con discapacidad y que estas intervengan activamente.

### 6.2.5. *Ajustada al principio de igualdad entre mujeres y hombres*

La Ley Orgánica 3/2007, de 22 de marzo, para la igualdad efectiva de mujeres y hombres, en su artículo 46 explica que un Plan de Igualdad es un «conjunto ordenado de medidas, adoptadas después de realizar un diagnóstico de situación, tendentes a alcanzar en la empresa la igualdad de trato y de oportunidades entre mujeres y hombres y a eliminar la discriminación por razón de sexo.»

### 6.3. Juicio general sobre el cumplimiento de la Convención por parte de la entidad social

Acorde a lo indicado por la Oficina del Alto Comisionado de las Naciones Unidas para los Derechos Humanos, los indicadores de derechos humanos son instrumentos cualitativos y cuantitativos que brindan información específica para promover la realización de los derechos humanos, medir los compromisos y esfuerzos de los Estados para cumplir sus compromisos, y también medir los resultados para asegurar el goce y disfrute de los derechos.

Su importancia radica en que proporcionan orientación prescriptiva sobre los elementos centrales del derecho y cómo garantizar su aplicación.

Es importante indicar que son una herramienta que complementa otros instrumentos de monitoreo, tales como: entrevistas y grupos focales, recopilación de estudios de casos, investigación académica y participativa, entre otros.

Los indicadores también sirven de herramienta para que cualquier organización u organismo evalúe la implementación que ha hecho un Estado de un derecho concreto.

Por ello, la recopilación y el desglose de datos en materia de discapacidad permite identificar patrones de exclusión y discriminación de las personas con discapacidad con respecto a otras personas, y entre los distintos grupos de personas con discapacidad.

### 6.4. Procesos de cambio para transitar hacia modelos prestacionales inclusivos. Estrategias, planes y programas. Calendario y seguimiento

Las entidades que participan del Tercer Sector actualmente deben enfrentar múltiples desafíos ligados a la transformación digital, la integridad, la medición de impactos, la observancia, el diseño universal, la gestión de datos o la sostenibilidad.

Una vez que las entidades han efectuado el juicio previo acerca de si sus prestaciones y servicios son acordes con los valores, principios y mandatos de la Convención, y comprueban con evidencias que no lo son total o parcialmente a esos parámetros de derechos humanos, no están en modo Convención ONU, deben promover un proceso de cambio, en un tiempo determinado previsto, para que se migre de la no inclusión a la inclusión plena. Toda la cartera de servicios de la entidad ha de ser sometida a esta tensión transformadora, porque no se estará en modo Convención, si los apoyos que se prestan a las personas con discapacidad y sus familias, no se corresponden con el marco de derechos humanos. El tránsito hacia paradigmas y modelos inclusivos es una obligación ética y política de las entidades que estas no deben eludir, sino intensificar y acelerar.

La importancia de garantizar la transparencia, la responsabilidad es crucial para una gestión eficiente y lograr la confianza de la sociedad.

Al adoptar criterios y metodologías sugeridos por las Naciones Unidas, las entidades del Tercer Sector pueden fortalecer su capacidad para planificar, monitorear y evaluar sus programas. Por ejemplo, alienar los programas a los Objetivos de Desarrollo Sostenible (que cuentan con indicadores específicos) permite medir el progreso y el logro de las metas.

La publicación regular de los informes financieros con el detalle de la gestión económica aumenta la responsabilidad financiera y la transparencia.

La evaluación periódica (interna y externa) de impactos para medir los resultados y la efectividad de las actividades es esencial para demostrar la responsabilidad y permite mejorar las futuras decisiones.

Los gobiernos corporativos que cuentan con mecanismos democráticos y de participación, fortalecen la toma de decisiones y el diseño de programas.

La certificación en la gestión de seguridad, gestión ambiental, gestión de calidad, aporta en la calidad y transparencia del trabajo.

Contar con planes de igualdad, protocolos de acoso, códigos de buena gobernanza, códigos éticos contribuyen a la eficiencia y eficacia.

Debido a que la mejora continua de actividades y procesos depende, entre otras cosas, de los recursos humanos y económicos, las experiencias y la capacidad organizativa, se debe considerar la gradualidad en las acciones y una planificación adecuada de las gestiones.

## 7. CONCLUSIONES

Para finalizar esta Guía En Modo Convención ONU, podemos ofrecer las siguientes conclusiones:

1.- La enorme trascendencia que tiene desde su aprobación la Convención, al haber introducido un cambio revolucionario de paradigma en el tratamiento jurídico de la discapacidad.

2.- Los derechos de las personas con discapacidad son, respecto a su ejercicio, derechos humanos jurídicamente vinculante para los diferentes Estados que forman parte de la Convención.

3.- En la actualidad, aún con excepciones significativas, la mirada social sobre la discapacidad no se restringe a considerarla como un mero atributo de las personas o un defecto de estas sino como una parte de la diversidad humana.

4.- Que las personas con discapacidad puedan contar con una herramienta jurídica de carácter obligatorio como es la Convención, no solo sirve para que hagan valer sus derechos sino también para que reciban el amparo, la protección y las garantías del sistema internacional de derechos humanos.

5.- La Convención representa un cambio de paradigma en el disfrute de los derechos de las personas con discapacidad, ya que deja de lado modelos asistencialistas, para un modelo de autonomía e independencia. Permitir el ejercicio de esta autonomía sin oponer como pretexto la discapacidad, es vivir en una sociedad inclusiva que no discrimine a este grupo social.

6.- La Convención adopta un enfoque basado en los derechos, centrándose en la igualdad, la no discriminación y la participación plena e igualitaria de las personas con discapacidad en todos los ámbitos de la vida. Destaca la importancia de eliminar barreras y estigmatizaciones que puedan impedir el ejercicio pleno de los derechos de las personas con discapacidad.

7.- Otro aspecto destacable de la Convención es la relevancia de potenciar la conciencia y la comprensión sobre las cuestiones relacionadas con la discapacidad, promoviendo actitudes positivas y paliando el estigma y los prejuicios que aún existen.

8.- La Convención es esencial para garantizar la igualdad, la inclusión y el respeto de los derechos humanos de las personas con discapacidad. Su conocimiento y aplicación son imprescindibles para construir sociedades más justas e inclusivas.

9.- Las organizaciones españolas de defensa y promoción de los derechos de las personas con discapacidad están llamadas a desempeñar un rol central en la protección y garantía de los derechos humanos de este sector de la población. En el cumplimiento de sus funciones, el tejido asociativo de la discapacidad no puede desconocer la Convención.

10.- La Guía en Modo Convención ONU sirve para que las organizaciones de la discapacidad asuman qué es, qué representa y qué comporta la Convención, y una vez son conscientes de esto, cómo aplicarla a su entidad para que esta en su gobierno, funcionamiento, actuación y servicios esté alineada plenamente con la Convención.

# 8. MAPA DE RECURSOS

**Instrumentos Normativos Nacionales**

- Constitución Española, 1978.
- Ley 15/1995, de 30 de mayo, sobre límites del dominio sobre inmuebles para eliminar barreras arquitectónicas a las personas con discapacidad.
- Ley 16/2003, de 28 de mayo, de Cohesión y Calidad del Sistema Nacional de Salud.
- Ley 41/2003, de 18 de noviembre de protección patrimonial de las personas con discapacidad.
- Ley 51/2003, de 2 de diciembre, de Igualdad de Oportunidades, No Discriminación y -Accesibilidad Universal de las Personas con Discapacidad).
- Ley 39/2006, de 14 de diciembre, de Promoción de la Autonomía Personal y Atención a las Personas en Situación de Dependencia.
- Ley 49/2007, de 26 de diciembre, por la que se establece el régimen de infracciones y sanciones en materia de igualdad de oportunidades, no discriminación y accesibilidad universal de las personas con discapacidad.
- Ley 27/2007, de 23 de octubre, por la que se reconocen las lenguas de signos españolas y se regulan los medios de apoyo a la comunicación oral de las personas sordas, con discapacidad auditiva y sordociegas.

- Real Decreto 366/2007, de 16 de marzo, por el que se establecen las condiciones de accesibilidad y no discriminación de las personas con discapacidad en sus relaciones con la Administración General del Estado.
- Ley 26/2011, de 1 de agosto, de adaptación normativa a la Convención Internacional sobre los Derechos de las Personas con Discapacidad.
- Real Decreto Legislativo 1/2013, por el que se aprueba el Texto Refundido de la Ley General de derechos de las personas con discapacidad y de su inclusión social.
- Ley 8/2021, de 2 de junio, por la que se reforma la legislación civil y procesal para el apoyo a las personas con discapacidad en el ejercicio de su capacidad jurídica.

**Organismos internacionales**

- Comité sobre los Derechos de las Personas con Discapacidad (2014) Observación General N.º 1 sobre art. 12: Igual reconocimiento como persona ante la ley, CRDP/C/GC/1.

- Comité sobre los Derechos de las Personas con Discapacidad. (2016). Observación general N.º 4 sobre el derecho a la educación inclusiva.

- Comité sobre los Derechos de las Personas con Discapacidad. (2017). Observación general N.º 5 sobre el derecho a vivir de forma independiente y a ser incluido en la comunidad.

- Comité sobre los Derechos de las Personas con Discapacidad. (2018). Observación general N.º 6 sobre la igualdad y la no discriminación.

- Comité sobre los Derechos de las Personas con Discapacidad. (2018). Observación general N.º 7 sobre la participación de las personas con discapacidad, incluidos los niños y las niñas con discapacidad, a través de las organizaciones que las representan, en la aplicación y el seguimiento de la Convención.

- Comité sobre los Derechos de las Personas con Discapacidad. (2018). Observación general N.º 7: Participación de las personas con discapacidad, incluidos los niños y las niñas con discapacidad, a través de las organizaciones que las representan, en la aplicación y el seguimiento de la Convención.

- Comité sobre los Derechos de las Personas con Discapacidad. (2022). Observación general N.º 8 sobre el derecho de las personas con discapacidad al trabajo y al empleo.

- Consejo de Derechos Humanos. (2019). 40º período de sesiones, 25 de febrero a 22 de marzo de 2019. Temas 2 y 3 de la agenda: Informe anual del Alto Comisionado de las Naciones Unidas para los Derechos Humanos e informes de la Oficina del Alto Comisionado y del secretario general. Promoción y protección de todos los derechos humanos, civiles, políticos, económicos, sociales y culturales, incluido el derecho al desarrollo. La habilitación y la rehabilitación en el sentido del artículo 26 de la Convención sobre los Derechos de las Personas con Discapacidad. Informe de la Oficina del Alto Comisionado de las Naciones Unidas para los Derechos Humanos.

- Oficina del Alto Comisionado de las Naciones Unidas para los Derechos Humanos. (2007). Manual para parlamentarios sobre la Convención sobre los derechos de las personas con discapacidad y su Protocolo Facultativo (N.º 14).

- Oficina Alto Comisionado de las Naciones Unidas para los Derechos Humanos. (2007). Manual para parlamentarios sobre la Convención sobre los derechos de las personas con discapacidad y su Protocolo Facultativo.

- Oficina del Alto Comisionado para los Derechos de las Personas con Discapacidad. (2008). Convención sobre los Derechos de las Personas con Discapacidad: Material de promoción (Serie de Capacitación Profesional N.º 15).

141

- Oficina del Alto Comisionado de las Naciones Unidas. (2010). Vigilancia del cumplimiento de la Convención sobre los derechos de las personas con discapacidad: Guía para los observadores de la situación de los derechos humanos. Serie de Capacitación Profesional N.º 17.

- Oficina del Alto Comisionado de las Naciones Unidas para los Derechos Humanos. (2012). Indicadores de derechos humanos: Guía para la medición y la aplicación.

- Oficina Alta Comisionada de las Naciones Unidas para los Derechos Humanos. (2019). Empoderar a los niños con discapacidad para el disfrute de sus derechos humanos, en particular mediante la educación inclusiva.

- Oficina del Alto Comisionado de las Naciones Unidas para los Derechos Humanos. (2019). La habilitación y la rehabilitación en el sentido del artículo 26 de la Convención sobre los Derechos de las Personas con Discapacidad.

- Oficina del Alto Comisionado de las Naciones Unidas. (2020). Estudio analítico sobre la promoción y protección de los derechos de las personas con discapacidad en el contexto del cambio climático.

- Oficina del Alto Comisionado de las Naciones Unidas para los Derechos Humanos. (2023). Informe anual del Alto Comisionado de las Naciones Unidas para los Derechos Humanos e informes de la Oficina del Alto Comisionado y del Secretario General. Los sistemas de apoyo para garantizar la inclusión en la comunidad de las personas con discapacidad, entre otras cosas como medio para construir un futuro mejor tras la pandemia de enfermedad por coronavirus (COVID-19).

- Oficina del Alto Comisionado de las Naciones Unidas para los Derechos Humanos (s.f.). Preguntas frecuentes sobre indicadores de derechos humanos de la CRPD. Recuperado de: https://www.ohchr.org/es/disabilities/frequently-asked-questions-human-rights-indicators-crpd

- Organización Mundial de la Salud. (2011). Informe Mundial la Discapacidad.

- Relatora Especial por los Derechos de las Personas con Discapacidad. (2017). La salud y los derechos en materia sexual y reproductiva de las niñas y las jóvenes con discapacidad.

- Relatora Especial sobre los derechos de las personas con discapacidad. (2017). Informe de la Relatora Especial sobre los derechos de las personas con discapacidad.

- Relatora Especial sobre los derechos de las personas con discapacidad. (2018, 16 de julio). Informe sobre derechos de las personas con discapacidad.

- Relatora Especial sobre los derechos de las personas con discapacidad. (2019). Informe del 40.º período de sesiones del Consejo de Derechos Humanos, 25 de febrero a 22 de marzo de 2019. Tema 3 de la agenda: Promoción y protección de todos los derechos humanos, civiles, políticos, económicos, sociales y culturales, incluido el derecho al desarrollo.

- Relator Especial sobre los derechos de las personas con discapacidad. (2021). Derechos de las personas con discapacidad. Informe del Relator Especial sobre los derechos de las personas con discapacidad.

- Relator Especial sobre los derechos de las personas con discapacidad. (2023). Transformación de los servicios para las personas con discapacidad. Informe del Relator Especial sobre los derechos de las personas con discapacidad, Gerard Quinn.

- Secretario General de las Naciones Unidas. (2018). Estrategia de las Naciones Unidas para la inclusión de la discapacidad.

- Secretario General. (2021). Inclusión de la discapacidad en el sistema de las Naciones Unidas.

- UNESCO. (2021). Recomendación sobre la ética de la inteligencia artificial.

## Obras de doctrina

- Aiello, Ana Laura, Agustina Palacios, Francisco Bariffi, Ignacio Campoy Cervera y Rafael de Asís. 2007. *Sobre la accesibilidad universal en el Derecho,* Madrid, Dykinson.

- De Asís, Rafael. 2013. *Sobre discapacidad y derechos.* Madrid: Dykinson.

- Discapnet. 2008. *La lengua de signos ya es una lengua oficial.*

- González Amago, J. (2005). *Re-inventarse. La doble exclusión: vivir siendo homosexual y discapacitado.*

- Martín Fernández, J. (2011). Un nuevo paso en la garantía de los Derechos Humanos: La Ley 26/2011, de 1 de agosto, de adaptación normativa a la Convención Internacional sobre los Derechos de las Personas con Discapacidad.

- Palacios, Agustina. 2008. *El modelo social de discapacidad: orígenes, caracterización y plasmación en la Convención Internacional sobre los Derechos de las Personas con Discapacidad.* Madrid: Cinca.

- Pérez Bueno, Luis Cayo (dir.) 2012. *2003 - 2012: 10 años de legislación sobre no discriminación de personas con discapacidad en España. Estudios en homenaje a Miguel Ángel Cabra de Luna.* Madrid, CERMI/Ediciones Cinca.

- Pérez Bueno, L. C. (2022). *Iniciación a los derechos y a la defensa legal de las personas con discapacidad: Curso básico,* CERMI/Ediciones Cinca.

- Saravia Méndez, G. (2022). *Las Observaciones Generales del Comité de Derechos de las Personas con Discapacidad de Naciones Unidas Explicadas y Comentadas,* CERMI/Ediciones Cinca.

## Materiales elaborados por CERMI

- CERMI. (2000). Un plan de empleo para las personas con discapacidad en el siglo XXI.

- CERMI Estatal. (2002). Discapacidad severa y vida autónoma. Colecciones CERMI. N.º 2.

- CERMI (2003). Plan Estatal de Accesibilidad Colecciones CERMI. Colecciones CERMI. N.º 6.

- CERMI (2003). Plan del CERMI para la protección de las familias con personas con discapacidad.

- CERMI. (2003). Discapacidad y exclusión social en la Unión Europea: Tiempo de cambio, herramientas para el cambio.

- CERMI. (2004). La protección de las situaciones de dependencia en España. Una alternativa para la atención de las personas en situación de dependencia desde la óptica del sector de la discapacidad.

- CERMI. (2004). Programas activos de empleo para Personas con Discapacidad.

- CERMI. (2005). La discapacidad en el ámbito tributario. Informe de situación y propuestas de mejora para la Legislatura 2004-2008.

CERMI. (2005). I Plan Integral de Acción para Mujeres con Discapacidad 2005-2008.

- CERMI. (2005). Por la igualdad, unidas en la diversidad.

- CERMI. (2005). Plan de Acción del CERMI Estatal en materia de Atención Temprana a Personas con Discapacidad.

–   CERMI. (2005). Aspectos sociales en la contratación pública. Propuestas legislativas del sector de la discapacidad.

–   Charroalde, J., y Fernández, D. (2006). La discapacidad en el medio rural.

–   CERMI. (2006). Discapacidad y asistencia sanitaria.

–   CERMI. (2007). Estrategia global de acción para el empleo de personas con discapacidad 2007-2008.

–   CERMI. (2007). Las personas con discapacidad en el medio penitenciario en España.

–   CERMI. (2008). La imagen social de las personas con discapacidad. Estudios en homenaje a José Julián Barriga Bravo.

–   CERMI. (2008). La regulación de la prestación sociosanitaria. Propuesta del CERMI.

–   CIAP/UNED. (2008). Los menores con discapacidad en España.

–   CERMI. (2009). Análisis de los desarrollos normativos del Sistema para la Autonomía y Atención a la Dependencia. Estudio comparativo autonómico.

–   CERMI. (2009). El empleo público y las personas con discapacidad.

–   CERMI. (2009). El impacto de la crisis económica en las personas con discapacidad y sus familias.

–   CERMI. (2010). Salud pública y discapacidad.

- CERMI. (2010). Discapacidad, Tercer Sector e Inclusión Social. Estudios en Homenaje a Paulino Azúa Berra.

- CERMI. (2012). Discapacidad, Derecho y Políticas de Inclusión.

- CERMI. (2012). En Opinión del CERMI (Compilación de editoriales de cermi.es, el periódico de la discapacidad 2002-2011).

- CERMI. (2012). La transversalidad de género en las políticas públicas de discapacidad. Volumen I.

- CERMI. (2012). 2003-2012. 10 años de legislación sobre no discriminación de personas con discapacidad en España.

- CERMI. (2012). Hoy empieza todo: Breve aproximación histórica al CERMI como motor de cambio social (1997-2012).

- CERMI. (2013). Discapacidad y sistemas alternativos de resolución de conflictos.

- Martínez Ríos, B. (2014). La situación de la discapacidad en la política española de cooperación al desarrollo.

- CERMI. (2014). Sociedad Civil, inclusión social y sector fundacional en España.

- Observatorio Estatal de la Discapacidad (OED). (2014). Espacio socio-sanitario inclusivo. Documento del Observatorio Estatal de la Discapacidad.

- CERMI. (2015). Guía para la evaluación de programas y políticas públicas de discapacidad.

- CERMI (2015). Mejora de la accesibilidad universal a los entornos. Propuestas normativas del CERMI Estatal.

- Fundación ONCE (2015). Los beneficios de la inclusión social de las personas con discapacidad.

- CERMI y Fundación ONCE. (2015). Manual práctico de evaluación para políticas públicas en el ámbito de la discapacidad.

- CERMI (2015). Propuestas de mejora del marco normativo de la accesibilidad audiovisual.

- CERMI (2017). La dimensión social de la fiscalidad: discapacidad, tercer sector y mecenazgo.

- CERMI. (2017). Protección social: Seguridad Social y Discapacidad.

- Álvarez Ramírez, G. (2017). El Libro Blanco de las personas con tartamudez en España.

- CERMI. (2017). El acceso a la condición de ciudadanía de las personas con discapacidad en España: Un estudio sobre la desigualdad por razón de discapacidad.

- Pérez Bueno, L. C. (Ed.). (2017). Sociedad civil, inclusión social y sector fundacional en España: Estudios en homenaje a Carlos Álvarez Jiménez.

- Calero Martínez, J., Foncuberta Estrada, X., & García Martínez, Á. (2018). Manual práctico de evaluación para intervenciones del tercer sector en el ámbito de discapacidad.

- CERMI. (2018). El impacto del modelo de estaciones de servicio de carburantes sin personal o desatendidas en los derechos de las personas con discapacidad en España.

- CERMI. (2018). Libro blanco de deporte de personas con discapacidad en España.

- CERMI. (2019). Objetivos de Desarrollo Sostenible y la promoción de los Derechos de las Personas con Discapacidad.

- CERMI (2020). Universidad y discapacidad: La inclusión de las personas con discapacidad en la Universidad española. Informe del CERMI Estatal de reforma normativa en materia de inclusión de las personas con discapacidad en el sistema universitario español.

- Marbán Gallego, V., Montserrat Codorníu, J., Morán Aláez, E., y Rodríguez Cabrero, G. (2021). El sector de la discapacidad: realidad, necesidades y retos futuros. Análisis de la situación de la población con discapacidad y de las entidades del movimiento asociativo y aproximación a sus retos y necesidades en el horizonte de 2020.

- CERMI. (2021). El bienestar personal y social como derecho: Determinantes, indicadores y garantías de efectividad para las personas con discapacidad Colecciones CERMI.

- González Huesa, J. M. (2022). En la buena dirección.

- Abella, B. (2022). En los inicios. Precursores del movimiento CERMI (1997-2022) Colecciones CERMI.

- CERMI. (2023) La LISMI, la discapacidad y la importancia de lo social.

- Álvarez Ramírez, G. E. (2023). El capacitismo, estructura mental de exclusión de las personas con discapacidad.

**Otros documentos:**

– Agencia Española de Cooperación Internacional para el Desarrollo (AECID) (2015). Por la inclusión de las personas con discapacidad. La Red Iberoamericana. Recuperado de: http://www.laprediberoamericana.com/aecid-la-cooperacion-espanola-por-la-inclusion-de-las-personas-con-discapacidad/

– Agencia Española de Cooperación Internacional para el Desarrollo (AECID). (2018). Guía para la inclusión de la discapacidad en cooperación para el desarrollo: Estado de situación en la AECID y orientaciones.

– Agencia Española de Cooperación Internacional para el Desarrollo (AECID). (2022). Jornadas Discapacidad y discriminaciones interseccionales: lo que aprendimos de la pandemia [Evento en línea] Recuperado de: https://www.aecid.es/w/jornadas-discapacidad-y-discriminaciones-interseccionales-lo-que-aprendimos-de-la-pandemia

– Fundación ONCE América Latina (FOAL). (s.f.). Sobre FOAL. Recuperado de: https://www.foal.es/es/paginas/sobre-foal

– Gobierno de España. (2022). Estrategia Española sobre Discapacidad 2022-2030 para el acceso, goce y disfrute de los derechos humanos de las personas con discapacidad. Aprobada por Consejo de Ministros de 3 de mayo de 2022.

– Jiménez Lara, A., y Huete García, A. (2004). La discriminación por motivos de discapacidad: Análisis de las respuestas recibidas al Cuestionario sobre Discriminación por motivos de Discapacidad promovido por el CERMI Estatal. Sociólogos

– Instituto de Estudios Internacionales. (1996). Cooperación Internacional y Desarrollo en las Naciones Unidas. Max Ugarte Vega-Centeno.

– Ministerio de Asuntos Exteriores y de Cooperación (España). (2015, 3 de diciembre). La Cooperación Española, por la inclusión de las personas con discapacidad [Noticia]. Agencia Española de Cooperación Internacional para el Desarrollo (AECID). Recuperado de: https://www.aecid.es/w/la-cooperacion-espanola-por-la-inclusion-de-las-personas-con-discapacidad-

– ONCE. (s.f.). ONCE en Latinoamérica. Recuperado de : https://www.once.es/internacional/once-en-latinoamerica

– Plena Inclusión. (s.f.). Plena Inclusión firma con la Agencia Española de Cooperación Internacional para el Desarrollo un acuerdo para colaborar en la defensa de los derechos de las personas con discapacidad intelectual. Recuperado de: https://www.plenainclusion.org/noticias/plena-inclusion-firma-con-la-agencia-espanola-de-cooperacion-internacional-para-el-desarrollo-un-acuerdo-para-colaborar-en-la-defensa-de-los-derechos-de-las-personas-con-discapacidad-intelectual/